● 湖南高质量发展研究丛书 ●

湖南农业优势特色产业空间布局研究

雷晓峰　钱炬炬　皮向红
刘小燕　詹祎蕊　黄伯军 ／ 主编

湖南大学出版社
·长沙·

内 容 简 介

本书以数据分析结果和国内相关研究成果做支撑，根据不同产业的生物学特性，以及各地的水土资源状况，并与国家、省、市、县产业发展规划和区域发展规划有机结合，选取湖南的十大优势特色产业作为研究对象，系统科学分析了湖南这十大产业的发展现状、空间布局变化、发展制约因素，提出了优化优势特色产业区域布局的对策建议，着力推动农业优势特色产业向优势区域集中发展。

本书可供相关行业和地方管理部门使用，也可供农林、水文、气象、环境等领域科研与教学人员参考。

图书在版编目（CIP）数据

湖南农业优势特色产业空间布局研究/雷晓峰等主编. —长沙：湖南大学出版社，2022.5

ISBN 978-7-5667-2502-8

Ⅰ.①湖… Ⅱ.①雷… Ⅲ.①农业产业—产业布局—研究—湖南 Ⅳ.①F327.64

中国版本图书馆 CIP 数据核字（2022）第 056852 号

湖南农业优势特色产业空间布局研究
HUNAN NONGYE YOUSHI TESE CHANYE KONGJIAN BUJU YANJIU

主　　编：雷晓峰　钱炬炬　皮向红　刘小燕　詹祎蕊　黄伯军
策划编辑：卢　宇
责任编辑：张佳佳
印　　装：长沙创峰印务有限公司
开　　本：710 mm×1 000 mm　1/16　印　　张：10.75　字　　数：158 千字
版　　次：2022 年 5 月第 1 版　　印　　次：2022 年 5 月第 1 次印刷
书　　号：ISBN 978-7-5667-2502-8
定　　价：36.00 元

出 版 人：李文邦
出版发行：湖南大学出版社
社　　址：湖南·长沙·岳麓山　　邮　　编：410082
电　　话：0731-88821006（营销部），88821315（编辑室），88821006（出版部）
传　　真：0731-88822264（总编室）
网　　址：http://www.hnupress.com
电子邮箱：371771872@qq.com

前　言

实施乡村振兴战略的总目标是农业农村现代化，总方针是坚持农业农村优先发展。《湖南省乡村振兴战略规划（2018—2022年）》提出："加快推进农业农村现代化，加快实现由农业大省向农业强省跨越，为建设富饶美丽幸福新湖南打下坚实基础。"并提出："开创产业兴旺新局面"，"着力打造以精细农业为特色的优质农副产品供应基地，推动乡村产业振兴"。

乡村要振兴，产业振兴是源头、是基础。湖南出台了千亿产业培育计划，完成了粮食生产功能区和重要农产品生产保护区划定工作，"一县一特"主导特色产业布局工作，以及特色农产品优势区创建工作，并取得初步成效。为有效支持湖南优势特色产业发展，立足资源禀赋，优化农业区域布局，调整区域功能定位和主攻方向，调优农业生产力布局，在千亿产业培育计划和《湖南省"一县一特"主导特色产业指导目录》的基础上，本书以湖南十大优势特色产业为研究对象，考察各农作物的生态适宜条件，综合分析湖南省122个县（市、区）①的气候、土壤、地形等自然条件，建立农作物生态适宜性评价指标体系和综合定量评价模型，划定最优区、优势区，在适宜性分区和农作物类型及品质分区的基础上，形成农作物种植区划，以便更好地发挥农业区域比较优势，积极推进产业集聚和提升，推进农业区域化、专业化发展，旨在为十大优势特色产业的合理布局提供理论支撑依据，助力乡村产业振兴。

"橘生淮南则为橘，生于淮北则为枳，叶徒相似，其实味不同。所以然者何？水土异也。"也就是说，要根据立地条件（气候、土壤环境）与农作物品种生态学特性正确选择农作物种类，因地制宜，不违农时，不盲目跟风，遵循

---

① 为《湖南省农村统计年鉴》所列县（市、区），不包括大通湖管理区、屈原管理区、西湖管理区、西洞庭管理区、洪江区以及经开区、高新区。

农业生产自身发展规律。在最适宜的自然生态条件下让农作物发挥最佳的生长潜力，有利于提高农作物单产效率和农产品质量。研究农作物种植区域适宜性，能够帮助农民在资源禀赋基础上因地制宜做出农作物种植决策，对提高农作物生产的投入产出效率及优化产业布局有一定的实践指导意义。

本书分为总体报告（上编）和专项报告（下编）两部分。总体报告在介绍了湖南的自然资源状况、社会经济条件的基础上，分析了湖南农业产业布局的现状、存在的问题，介绍和说明农业产业空间布局优化的研究方法、技术路线与布局原则；提出了湖南十大优势特色产业的优化空间布局谋划，并对优化产业空间布局提出了对策建议。专项报告包括十个章节，分别详细阐述并分析了水稻、畜禽、蔬菜、水果、茶叶、水产、油茶、油菜、中药材、南竹十大农业优势特色产业的发展现状、空间布局演变情况、产业发展制约因素、产业基地布局需要考虑的主要因素以及产业生产基地中长期布局建议。

本书撰写分工如下：全书由雷晓峰撰写大纲，并负责统稿和定稿；第一章，詹祎蕊、黄伯军、李霞；第二章，雷晓峰、钱炬炬、皮向红、刘小燕；第三章，钱炬炬、杨春龙、谢峥嵘、曾红远；第四章，钱炬炬、皮向红、刘小燕；第五章，钱炬炬、皮向红、杨玉；第六章，刘小燕、雷晓峰、易宗健；第七章，皮向红、黄凡、朱彩华；第八章，皮向红、杨春龙；第九章，钱炬炬、伍春明；第十章，钱炬炬、尹靖端；第十一章，皮向红、李小勇；第十二章，钱炬炬、彭诗瑶；第十三章，钱炬炬、黄凡；第十四章，刘小燕、刘圣；第十五章，刘小燕、刘青峰。

本书在编写过程中得到了湖南省农业农村厅、湖南省农业科学院的大力支持，得到众多农作物育种、农作物栽培领域专家的指导，在此一并表示诚挚的谢意。书稿撰写过程中引用文献较多，可能存在疏漏，同时，不同文献所提供的数据可能存在细微差别，敬请专家学者谅解。

农业产业区域布局涉及面广，情况复杂，我们对这个问题的研究还处于初级阶段。由于时间仓促，书中疏漏和不足之处在所难免，恳请读者批评指正。

编　者

2022 年 2 月

目 次

下编　湖南农业优势特色产业空间布局研究专项报告

上编　湖南农业优势特色产业空间布局研究总体报告

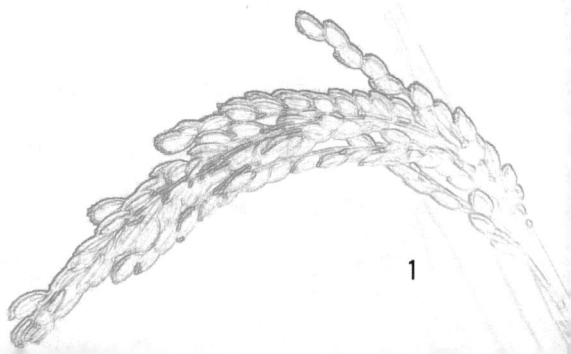

第一章　湖南自然资源状况及社会经济条件

一、自然资源状况

1. 国土面积

湖南地处中国中部、长江中游，大部分区域处于洞庭湖以南，省内最大河流湘江流贯全境。地处东经 108°47′~114°15′，北纬 24°38′~30°08′。湖南东邻江西，西接重庆、贵州，南连广东、广西，北与湖北相交。土地面积 21.18 万平方公里，占中国国土面积的 2.2%，在各省市区面积中居第十位。辖 13 个地级市、1 个自治州，共 122 个县（市、区）。全省以山地、丘陵为主，山地面积占全省总面积的 51.2%，丘陵占 15.4%，岗地占 13.9%，平原占 13.1%，水面占 6.4%。

2. 土壤状况

湖南属亚热带季风气候。全省土壤分为地带性土壤和非地带性土壤。共有 9 个土类，24 个亚类，111 个土属，418 个土种。土壤是作物生长的物质基础，不同的土壤种类，适宜生长不同的作物。红壤是湖南主要的地带性土壤，主要分布在武陵山、雪峰山以东的广大丘陵地区，在此线以西的河谷台地也有少量分布。黄壤是湖南山地的一种主要地带性土壤，全省黄壤广泛分布于武陵山、雪峰山、湘南的五岭山脉以及湘东边缘的山地。山地黄棕壤分布在中山地区，主要在湘西北和东南部诸山。山地草甸土是分布在境内各种山顶部的一种土壤，这种土壤在湖南南部诸山脉分布面积较大，如越城岭、城步南山、宜章莽山、桂东铁山以及浏阳大围山等地均有较集中连片的分布。石灰土是一种非地带性的岩成土，主要分布在湘西的武陵山区，其次在沅水河谷地区，湘中丘陵亦有成片分布。紫色土是紫色岩上发育的一种岩性土壤，集中分布在湘中衡阳盆地和湘西沅水河谷丘陵，在其他各地亦有零星分布。潮土集中分布于洞庭湖平原和湘、资、沅、澧四水及其支流两岸的河谷平原上。水稻土是湖南的一种主要耕作土壤，集中分布于洞庭湖平原，湘、资、沅、澧四水及其支流两岸的河谷平原上，其次在全省丘陵区及山区的谷底广泛分布。湖南主要土壤情况如表 1-1 所示。

表 1-1 湖南主要土壤情况

土壤类别	土壤特征	主要分布
红壤	具有较强的酸性，pH 范围为 4.0～5.5，养分含量较低	武陵山、雪峰山以东的广大丘陵地区
黄壤	表土层有机质比较丰富，土壤中铁的氧化物水化程度极强，呈酸性，黏粒在土层中有明显的淀积	武陵山、雪峰山、湘南的五岭山脉以及湘东边缘的山地
山地黄棕壤	有机质多，钾的含量较高，pH 范围为 4.2～5.7	湘西北和东南部诸山
山地草甸土	土层浅薄，呈酸性	越城岭、城步南山、宜章莽山、桂东铁山以及浏阳大围山等地
石灰土	土壤较薄，含有碳酸盐，呈中性或微碱，pH 变化较大，高的可达 8.5，低的不到 7，有机质含量较高，交换性盐基接近饱和	湘西的武陵山区，沅水河谷地区，湘中丘陵
紫色土	碳酸钙淋失较微，磷、钾含量较高	湘中衡阳盆地和湘西沅水河谷丘陵
潮土	一般不发生淋溶淀积现象，分层现象不明显，上下土层有机质含量差别也较小	洞庭湖平原和湘、资、沅、澧四水及其支流两岸的河谷平原
水稻土	铁、锰的淋溶淀积现象较明显，有机质积累作用显著	洞庭湖平原，湘、资、沅、澧四水及其支流两岸的河谷平原，全省丘陵区及山区谷底

3.气候特点及变化趋势

（1）湖南气候特点

湖南为大陆性亚热带季风湿润气候，气候具有三个特点。一是光、热、水资源丰富，三者的高值又基本同步。二是气候年内变化较大。湖南冬季处在冬季风控制下，而东南西三面环山、向北敞开的地貌特性，有利于冷空气的长驱直入，1月平均温度多在4～7 ℃。夏季，则多为低纬度海洋暖湿气团所盘踞，高温多雨。春季，地面南北气流对峙，气旋及锋面活动频繁，雨水较多，天气多变。秋季，副热带高压势力逐步南撤，偏北气流渐次控制全境，全省呈现出气层垂直结构十分稳定而湿度又很小的秋高气爽天气。三是气候垂直变化最明显的地带为三面环山的山地。尤以湘西与湘南山地更为显著。湖南年日照时数为1 300～1 800 h，热量丰富，年平均温度为16～18 ℃。湖南无霜期长达260～310 天，大部分地区为280～300 天。年平均降水量1 200～1 800 mm，雨量充沛，为我国雨水较多的省区。雨热同步期农业生产季一致的气候条件，适宜多种农作物生长发育。

（2）湖南气候变化趋势

湖南气候中心发布的《2019湖南气候变化监测公报》数据显示，近110 年（1910—2019 年）湖南年平均气温呈显著上升趋势，并伴随明显的年代际波动，期间气温上升了约1.0 ℃；近20 年是110 年以来的最暖时期（见图1-1）。近110 年湖南年降水量无显著增减趋势，但表现出明显的以准20 年为周期的年代际波动（见图1-2）。1961—2019 年，湖南年降水日数呈减少趋势，但暴雨日数增多、大暴雨日数显著增多、极端强降水事件增多；年日照时数和年平均风速显著减少（小）；酷热日数显著增多，极端高温事件趋多；春寒（倒春寒）、5月低温、寒露风频次显著减少，低温日数显著减少；冰冻、积雪日数减少，大风、冰雹日数显著减少。

气候变化导致不同区域的热量、水分条件以及病虫害等生态环境的改变，不同作物的适生区域也随之改变。随着热量资源增加，作物生育期延长，部分

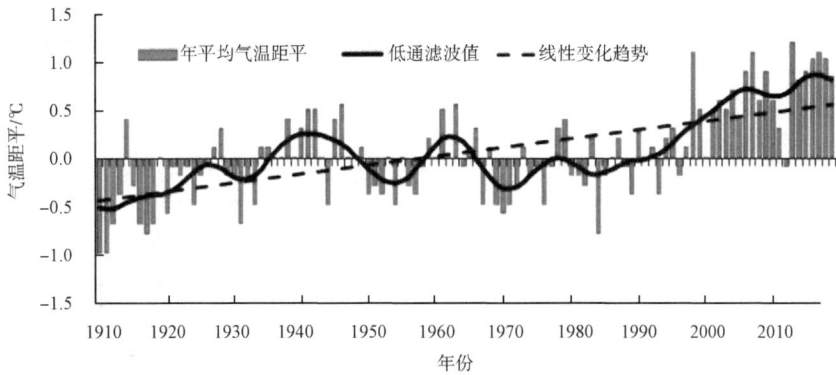

图 1-1　1910—2019 年湖南平均气温距平变化情况

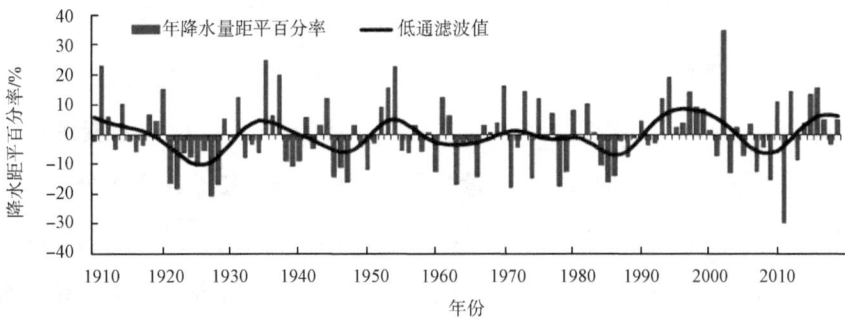

图 1-2　1910—2019 年湖南平均年降水量距平百分率变化情况

地区中晚熟品种逐渐替代早熟品种；受气候暖干化影响，一些地区呈现干旱缺水趋势，耐旱品种逐渐替代原有耗水量比较大的品种；由于温度升高，部分地区冬性较弱的品种逐渐替代冬性较强的品种；受气候变化影响，极端气候事件（干旱、暴雨）频发，为实现抗灾救灾的目标，灾后紧急种植适宜救灾的作物替代原有作物。

4. 水资源条件

湖南河网密布，长度 5 km 以上的河流 5 341 条，总长度 9 万 km，其中流域面积在 55 000 km² 以上的大河 11 117 条。省内除少数属珠江水系和赣江水系外，主要为湘、资、沅、澧四水及其支流（见表1-2），顺着地势由南向北汇入洞庭湖、长江，形成一个比较完整的洞庭湖水系。湘江是湖南最大的河流，也是长江七大支流之一。河流湖泊水域面积约为1.35万 km²。

表1-2　湖南主要河流情况表

	长度/km	流域面积/km²	流经区域
湘江	817	92 300	永州市、衡阳市、株洲市、湘潭市、长沙市、岳阳市
资江	653	28 142	邵阳市、娄底市、益阳市
沅江	1 033	89 163	怀化市、湘西土家族苗族自治州（以下简称湘西州）、常德市
澧水	372	18 496	张家界市、常德市

全省水资源总量多年平均值1 689.3亿 m³，2018年全省水资源总量1 343亿 m³，较多年平均偏少20.5％，总用水量337.01亿 m³，水资源利用率（河道外用水量占多年平均水资源总量的比例）为20％。13个水资源分区中，洞庭湖环湖区的利用率最高达到37.5％，湘江衡阳以下次之，为31.3％，柳江的利用率最低，为3.7％。2018年用水效率进一步提升，用水结构不断优化，水资源质量状况总体改善。2018年全省各部门的实际用水总量为337.01亿 m³。其中农业用水量194.52亿 m³。2018年全省水库工程年末蓄水量264.54亿 m³，较2017年末增加20.45亿 m³。全省主要江河上共布设水质监测站456个，监测河长10 173.8 km。水质符合或优于Ⅲ类的河长，全年期为10 145.6 km，占总评价河长的99.7％。水利是现代农业建设不可或缺的首要条件，湖南在水利上持续投入，给农业可持续发展提供源源不断的保障。水利设施条件发展，关系到农村、农民防洪安全、农业供水安全以及粮食安全。

5. 环境承载力

湖南是一个资源大省，自然资源、生态环境和社会经济系统是影响湖南农业产业发展的重要因素。对湖南各区域土地资源、水资源、气候资源、生物种质资源、人口变动与城镇化等生态建设进行研究，能够更好地对湖南农业产业进行区域布局。农业产业布局规律遵循比较优势原理。以往比较优势的判断多基于投入要素、市场条件等，随着现代农业生产方式给环境造成的威胁逐渐增大，环境对农业发展的制约作用也愈发明显。随着优势品种日趋向优势区域集中，同一区域内优势产品之间竞争水土资源及环境的矛盾更加突出。针对当前的新形势，融入环境要素的比较优势将对未来农业生产结构调整及区域布局产生显著的影响。因此，合理规划农业生产布局，必须建立在对主产区环境要素质量的估计和判断之上。例如，从水资源的角度考察湖南各区域种植业布局的合理程度，从环境承载力的角度考察湖南各区域畜禽业布局的合理程度。考虑到区域环境承载力，根据市场需求，调节发展面向市场的优势特色农业产业，并时刻关注资源环境的承载能力。

二、社会经济条件

1. 人口劳力

（1）人口总量

2018 年末湖南常住人口达 6 898.77 万人，比 2017 年末增加 38.57 万人，增长率为 0.56％（见表 1-3）。其中，城镇人口 3 864.69 万人，乡村人口 3 034.08 万人；城镇化率为 56.02％，同比提高 1.4 个百分点。长沙市 2018 年末常住人口 815.47 万人，其中，城镇人口 645.23 万人，乡村人口 170.24 万人；城镇化率达 79.12％，居全省第一。从表 1-3 可知，有 8 个市（州）城镇化率超过 50％。随着城镇化步伐的加快，大量农村青壮年劳动力流入城镇，留守老人成为农村农业生产的主力军，在农业机械化程度低下的情况下，必然影响农业发展。同时城镇化的逐步推进又会加速农业产业结构的调整，使之实现升级。

表 1-3　2018 年末湖南常住人口数及构成

	总户数/万户	年末常住人口/万人	男/万人	女/万人	城镇人口/万人	乡村人口/万人	城镇化率/%
全省	2 133.12	6 898.77	3 558.40	3 340.37	3 864.69	3 034.08	56.02
长沙市	264.21	815.47	408.68	406.79	645.23	170.24	79.12
株洲市	119.29	402.08	205.79	196.29	269.99	132.09	67.15
湘潭市	83.89	286.48	146.83	139.65	180.15	106.33	62.88
衡阳市	205.86	724.34	377.33	347.01	388.32	336.02	53.61
邵阳市	216.82	737.05	384.27	352.78	350.02	387.03	47.49
岳阳市	175.67	579.71	300.45	279.26	336.23	243.48	58.00
常德市	193.67	582.72	295.60	287.12	309.68	273.04	53.14
张家界市	53.80	153.79	78.17	75.62	75.66	78.13	49.20
益阳市	131.14	441.38	226.28	215.10	227.88	213.50	51.63
郴州市	152.90	474.45	246.71	227.74	260.38	214.07	54.88
永州市	160.54	545.21	286.33	258.88	270.91	274.30	49.69
怀化市	172.80	497.96	259.44	238.52	237.78	260.18	47.75
娄底市	124.51	393.18	205.16	188.02	189.16	204.02	48.11
湘西州	78.02	264.95	137.36	127.59	123.30	141.65	46.54

注：数据来源于《湖南统计年鉴 2019》。

（2）人口结构

根据第六次全国人口普查数据，湖南 0～14 岁人口为 1 157.65 万人，占湖南常住人口的 17.62%；15～64 岁人口为 4 770.49 万人，占湖南常住人口的 72.61%；65 岁及以上人口为 641.94 万人，占湖南常住人口的 9.77%（见表 1-4）。同第五次人口普查相比，0～14 岁人口的比重下降 4.51 个百分点，15～64 岁人口的比重上升 2.21 个百分点，65 岁及以上人口的比重上升

2.30 个百分点。农村优质劳动力大规模向城市转移，使得迁出地剩余的大部分是老年人与未成年人，从而加剧了农村人口的老龄化程度。而农村人口快速老龄化势必影响到农业生产劳动力的供给，影响农业产业结构的调整。

表 1-4 湖南人口结构表

	第五次人口普查	第六次人口普查
0～14 岁人口/万人	1 399.96	1 157.65
15～64 岁人口/万人	4 454.80	4 770.49
65 岁以上人口/万人	472.66	641.94
0～14 岁人口比重/%	22.13	17.62
15～64 岁人口比重/%	70.40	72.61
65 岁以上人口比重/%	7.47	9.77

注：数据来源于《湖南统计年鉴 2019》。

（3）受教育程度

第六次全国人口普查与第五次全国人口普查相比，每十万人中具有大专及以上文化程度的人数由 2 926 人上升为 7 598 人，具有高中和中专文化程度的人数由11 177人上升为 15 425 人；具有初中文化程度的人数由35 708人上升为 39 539 人；具有小学文化程度的人数由 38 278 人下降为 26 790 人；文盲率为 3.24%，比第五次人口普查的 5.99% 下降了 2.75 个百分点（见表 1-5）。各种受教育程度人数和文盲率的变化，反映了湖南人口受教育水平结构的重心逐步上移，整体受教育程度继续提高。农民的科学文化水平影响着先进技术和装备在农业生产中的应用。农民普遍受教育程度提高，能够提升农村生产力水平力，与新农村建设要求的"发展现代农业"相适应。

表 1-5 湖南每十万人中受教育情况

	第五次人口普查	第六次人口普查
小学文化/人	38 278	26 790
初中文化/人	35 708	39 539
高中和中专/人	11 177	15 425
大专及以上/人	2 926	7 598
文盲、半文盲人口/万人	294.96	175.43
文盲率/%	5.99	3.24

注：数据来源于《湖南统计年鉴 2019》。

2. 经济条件

2018 年湖南地区生产总值分区域来看，长株潭地区生产总值增速最快，2018 年生产总值达到 15 796.3 亿元，同比增长 8.3%；环洞庭湖地区、大湘南地区、大湘西地区 2018 年的生产总值分别为 8 563.6 亿元、7 243.6 亿元、6 020.3 亿元。

长株潭地区是指以长沙市、株洲市、湘潭市为中心的湖南东中部地区，是沿湘江下游呈"品"字形分布的城市群体，地形东北高西南低，地貌类型多样，以丘、岗、平地为主，兼有山地、水面。该区物产富饶，优良的自然条件使其农业发展具有得天独厚的优势，粮、棉、油、糖等粮食和经济作物种植广泛，种植、林、牧、渔业全面发展。长株潭地区的农业资源各具特色、互补性强。宁乡花猪、望城的洞庭水产（小龙虾）、浏阳百里花卉、炎陵黄桃、攸县豆腐、醴陵的茶油、株洲的王十万黄辣椒、湘潭湘莲等，享誉国内外。

环洞庭湖地区主要包括岳阳市、常德市、益阳市，该区域自然资源丰富、产业特色鲜明、生态环境优良，是有名的茶叶、蔬菜、水果、粮食产区，具有发展优质稻、油菜、油茶、茶叶、水果、蔬菜、南竹、水产品、生猪等特色生态农业品牌的优势。区域内稻米产业有"洞庭香米"区域公共品牌，澧县大米、澧县紫米、桃源大米等产品品牌；蔬菜有益阳的三益莲藕品牌；果品类有安化的阿香柑橘、澧县的澧康葡萄、石门柑橘；茶叶类有安化黑茶、湘益茯砖茶、黑美人天尖茶、双上绿芽茶、石门银峰、桃源茶叶、兰岭绿茶等产品品牌；还有桃江县的竹产业等。产品丰富，品质上乘。

大湘南地区包括永州市、郴州市、衡阳市，主要以山地和丘陵为主，形成了一批品质基础好的产品，如江永香柚、常宁油茶、郴州东江鱼、祁东黄花菜、永兴冰糖橙、舜皇山土猪等。

大湘西地区包括张家界市、怀化市、湘西州、邵阳市和娄底市，属于传统的"老、少、边、山、穷"地区，经济基础比较薄弱。大湘西地区形成了以椪柑、猕猴桃、茶叶、烟叶、蔬菜、百合、中药材、畜牧水产等为主的八个重点特色支柱产业，引领农村经济发展。猕猴桃、黄金茶、古丈毛尖、龙山百合等特色农产品享誉国内外市场。

长株潭地区、环洞庭湖地区、大湘南地区、大湘西地区，应立足特色各异的资源禀赋、产业基础和传统农耕文化，培育竞争力强的区域农产品品牌：长株潭地区重点围绕都市农业发展，积极培育精致农业品牌；环洞庭湖地区重点围绕商品粮、水产等产业发展，积极培育湖区农业品牌；大湘南地区重点围绕丘岗山地，积极培育特色农业品牌；大湘西地区重点围绕山区特色种养产业发展，积极培育生态农业品牌。

第二章　湖南农业产业空间布局的 现状及存在的问题

一、布局的现状

1.水稻产业

近年来,湖南水稻种植逐步向洞庭湖区集聚,常德市、岳阳市、益阳市的水稻播种面积呈增长趋势,长沙市、郴州市、怀化市、娄底市、湘西州、张家界市的水稻播种面积呈下降趋势,14 个地市州中常德市的播种面积最大,其次是衡阳市。

2.畜禽产业

湖南养殖业以生猪为主,目前,湖南生猪出栏量居全国第三位,全省进入生猪调出大县全国排名 500 强的有 58 个,约占全国生猪调出大县总数的10%,生猪出口量排全国第一位。基本形成了永州市、衡阳市、邵阳市、常德市、岳阳市、长沙市、郴州市 7 市肉类优势产区。草食畜牧产业以怀化市和湘西州为主,特色家禽养殖区主要为炎陵县、衡阳县、武冈市、临武县、东安县和洪江区。

3.蔬菜产业

自 2010 年湖南启动新一轮"菜篮子"工程建设以来,全省蔬菜产业步入快速发展期,2018 年蔬菜播种面积居全国第八位,总产量居全国第七位。以地方特色蔬菜和销售市场为主的区域蔬菜产业集群初步呈现,基本形成长株潭地区、环洞庭湖地区、大湘南地区和大湘西地区的区域化布局。各区域呈现不同的生产格局，长株潭地区面向城市消费市场，拓展都市休闲功能；环洞庭湖地区形成春夏瓜菜、秋冬叶菜、水生蔬菜产业集群；大湘南地区利用"天然温室"的气候优势和区位优势，面向粤港澳大湾区，形成外销出口蔬菜产业集群；大湘西地区的湘西州、怀化市、邵阳市突出"山"字特色，向省外供应夏秋高山蔬菜。

4. 水果产业

湖南水果产业形成了以柑橘、梨、桃、猕猴桃、葡萄等水果为主体的种类结构，种类丰富，且布局上具有一定的区域特色。如石门县、资兴市和洞口县以温州蜜柑为主；椪柑主要分布在泸溪县；新宁县崀丰脐橙和宜章县、道县的纽荷尔脐橙种植规模较大；麻阳苗族自治县（以下简称麻阳县）、洪江市、永兴县等县市则是冰糖橙的主产区；享有"中国香柚之乡"美誉的江永县，拥有集中成片的香柚基地 7.05×10^3 hm²；安江香柚主要分布在洪江市；菊花芯柚主要分布在张家界市；炎陵县的黄桃发展迅速；溆浦县和芷江侗族自治县（以下简称芷江县）的颐红脆蜜桃发展迅速；蓝山县近十年来梨产业快速发展；湘西则以猕猴桃为主，规模大、产量高、品质好；设施葡萄以澧县为主。

5. 茶叶产业

湖南气候条件独特，是全国茶叶优势区域规划中的名优绿茶和出口绿茶优势区域，涉及全省 37 个县（市、区），形成了以武陵山区为重点的优质绿茶带、雪峰山脉优质黑茶带、环洞庭湖优质黄茶带、湘南优质红茶带。

6. 水产产业

近年来，湖南加大渔业供给侧结构性改革，突出抓好稻渔综合种养和名特优水产品规模发展，渔业养殖结构进一步优化，初步形成了各具特色的水产产业集群。环洞庭湖生态渔业圈，发展稻虾、稻蛙、稻蟹等生态综合种养；湘南南岭、湘西北武陵、湘中雪峰等山区发展池塘精养区，如邵阳市、怀化市、娄底市推广稻田养鱼、高山养鱼；张家界市、郴州市、怀化市和湘西州等地，发展大鲵、鲟鱼、鲑鱼等名特优水产品集约化养殖。

7. 油茶产业

近年来,湖南形成了以衡阳市、永州市 2 个"全国油茶产业建设示范市"和常宁县、邵阳县等 48 个"全国油茶产业重点县"为依托的优质油茶基地。获得了"邵阳茶油""鼎城茶油""常宁茶油"等国家地理标志产品认证。

8. 油菜产业

湖南是油菜重要农产品生产保护区,2015 年以来湖南油菜种植面积稳居全国第一位。从全省来看,常德市、衡阳市、益阳市、岳阳市、怀化市为主产区,其油菜播种面积占全省 65% 以上。

9. 中药材产业

湖南是药材资源大省,在全国 361 个常用重点中药材品种中,湖南拥有241 个,品种之多居全国第二位。各地形成了具有县域特色的中药材品种,如隆回金银花、宝庆龙牙百合、龙山卷丹百合、邵阳玉竹、靖州茯苓、沅江枳壳、湘西黄精等道地药材。2018 年,中药材种植面积约 400 万亩（1 亩 $\approx$ 667 m²），其中,大宗中药材品种人工栽培面积近 200 万亩,全省人工栽培的中药材品种发展到 80 余个。

10. 南竹产业

湖南是全国竹类资源的主要分布区,竹林主要集中在湘北、湘中南和湘西南地区,桃江县、绥宁县、安化县、桃源县分别被评为"中国竹子之乡"。2018 年产商品竹材 1 000 万根以上的有临湘市、汨罗市、桃江县、耒阳市 4 个县（市）。

二、存在的问题

1. 产业布局与资源条件不匹配

湖南部分地区的产业布局与资源条件不太匹配,如由于潜在的冻害威胁,湖南部分地区是柑橘（特别是橙、柚）的次适宜或非适宜区,如临湘市,因面临江汉平原与滨湖地区，且南面有高山阻挡，冬季冷空气易进难出，造成该区历年冻害严重；桂东县，地处罗霄山脉海拔1 500~2 000 m的大山区中，终年热量不足，冬季冻害严重，所以该区栽培柑橘经济意义不大，不宜栽种柑橘。另外，过去蔬菜生产按地理位置布局，虽然促进了蔬菜生产的发展，但是也存在一定的问题，如同一纬度地区的蔬菜品种同质化严重，上市期相近导致相互竞争，这些都影响了蔬菜产业发展。以上问题都表明了湖南部分产业的区域布局有待优化完善。

2. 产业特色不突出

从全省产品结构来看，主要还是以粮食和蔬菜为主，禽类、肉类、水果、茶叶、油料、中药材等其他农产品的产量所占的比重不大。

从农产品品牌建设来看，湖南在全国的知名品牌少，缺少在全国叫得响的名优特"土字号""原字号"农产品。2017年度全国名特优新农产品目录（每两年评定一次，两年内有效）中，湖南仅有19个产品品牌入选，在全国696个品牌中仅占2.73%，远远落后于山东（73个）、四川（61个）、福建（52个）、浙江（50个）、安徽（45个）。

第三章　农业产业空间布局优化的研究方法

一、研究方法

（1）文献研究

通过收集国内外大量相关的适宜性评价方法及优势区域划分方法的文献资料，结合优势特色产业现状及影响种植和养殖的因素，进行产地环境适宜性评价，确定优势区域的划分。

（2）实地调研

实地调研，现场勘察产地环境，找寻需要关注的重点及影响因素。

（3）对比分析

对比分析气象、土壤、地形地貌、产业特色等，得出各项指标及其限值。

（4）专家咨询

通过与专家的交流来解决研究中出现的问题。

（5）层次分析

分析复杂问题中的各种因素之间的相互关系，使之条理化，划分出层次，并对每一层的因素相对重要性给予定量表示，以此分析较为复杂的问题。该方法能对各层的主要限制因子进行成分分析，具有系统性、条理性、灵活性及实用性等特点。

（6）数学归纳

通过数学归纳法得出优势特色产业优势区域布局。

二、技术路线

技术路线如图 3-1 所示。

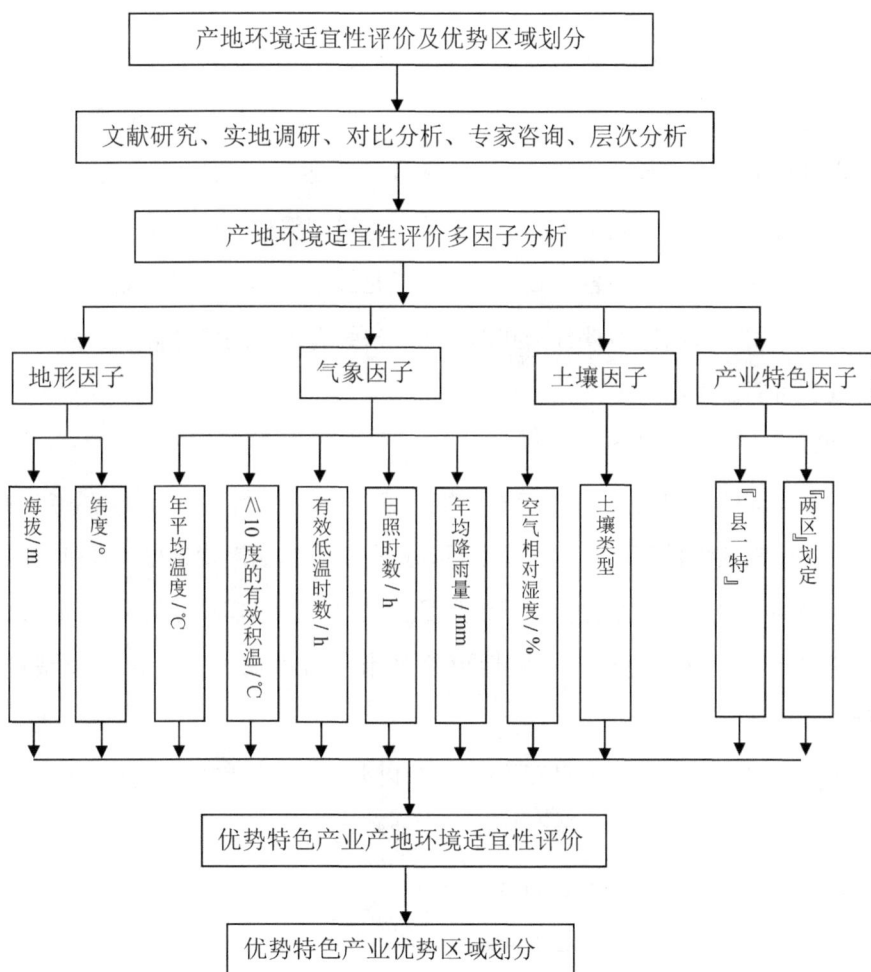

```
┌─────────────────────────────────────┐
│     产地环境适宜性评价及优势区域划分      │
└─────────────────────────────────────┘
                  ↓
┌─────────────────────────────────────┐
│  文献研究、实地调研、对比分析、专家咨询、层次分析  │
└─────────────────────────────────────┘
                  ↓
┌─────────────────────────────────────┐
│        产地环境适宜性评价多因子分析         │
└─────────────────────────────────────┘
```

地形因子	气象因子	土壤因子	产业特色因子
海拔/m　纬度/°	年平均温度/℃　≥10度的有效积温/℃　有效低温时数/h　日照时数/h　年均降雨量/mm　空气相对湿度/%	土壤类型	『一县一特』　『两区』划定

优势特色产业产地环境适宜性评价

优势特色产业优势区域划分

图 3-1　技术路线图

三、适宜性评价

1. 适宜性评价原理及模型

（1）适宜性评价原理

综合评价是对一个受到多因素制约的对象做出的总评价。优势特色产业产地环境适宜性评价就属于综合评价。在适宜性评价中采用了限制评分法，定性、定量相结合来进行产地环境适宜性评价，主要突出了评价因素的限制性在适宜性评价中的作用。其中，加权求和法一直受到重视，因为该方法能相对综合考虑产地环境适宜性的各个影响因子，但是加权求和法有时不能突出主要限制因子的作用，而将限值评分法和加权求和法结合进行适宜性评价会使结果更加客观、可靠。

（2）适宜性评价模型

对多指标的优势特色产业产地环境而言，直接判断其适宜性有一定的困难，利用模糊数学模型在一定程度上可以避免多个影响因素对事物评价可能存在的模糊性、主观性以及评价结果信息量少的缺点。该模型分为一级和多级模型。优势特色产业产地环境适宜性评价采用一级模糊综合评价法模型进行评价。

评价因素：指对某一项目评价中的具体因素。在优势特色产业产地环境适宜性评价中，则是气象、土壤、地形、产业特色等项目中的各个指标。

评价因素值：指评价因素的具体数值。

评价值：指评价因素的优劣程度。其范围为0～1，用百分制则为0～100%。

平均评价值：指专家对某一个因素评价的平均值。

权重：指评价因素的重要程度。在本研究课题中采用德尔菲法和层次分析法建立层次结构模型，采用DPS数据处理系统来确定各指标的权重。

加权平均值：加入权重后的平均评价值。

综合评价值：所有因素的加权平均评价值的总和。通过该值的计算，本研究中将优势特色产业产地环境适宜性分为三个等级：最优区、优势区和其他。

2. 指标体系设置

（1）指标体系选取原则

系统性原则：构建的指标评价体系需要系统地、全面地反映评价产地环境的总体水平。优势特色产业产地环境适宜性评价不能用简单的几个指标来描述，需要全方位考虑气象、土壤、地形等各个方面的影响，选取的指标应能最大程度反映各个影响因素，以保证评价的系统性。

可比性原则：包括纵向和横向的可比性。特色产业指标体系应具有可比性，使指标设置既符合实际需要，又体现不同产业对产地环境的不同需求，从而扩大指标体系的使用范围。

定量与定性相结合原则：选取的指标要容易量化，从而可进行定量评价，客观、直接地反映产业产地环境的情况。对于产业特色等较难用数量指标反映的因素，需要通过定性评价来体现产地环境的适宜性。

可操作性原则：优势特色产业产地环境评价指标体系是各县（市、区）选择发展产业的依据，因此，数据要容易获得、指标要容易计算。

（2）指标体系主要内容

目标层：优势特色产业产地环境适宜性。

准则层：根据优势特色产业产地环境适宜性评价系统的组成特征，以气象、土壤、地形、产业特色等因素对产业产地环境适宜性进行判断。

指标层：在气象、土壤、地形、产业特色这四个子系统中，分别选取与其密切相关的参数，结合各个产业实际情况，选取具体的指标。

详细指标见表3-1。

①气象指标

种植业发展主要的影响因素就是水土气是否满足作物各个生长期的生长条件。分析不同气象因子对优势特色产业的影响程度，从量化的角度完成关键气象因子的拟定。

②土壤指标和地形指标

农业产业的发展受到土壤和地形条件的制约，通过对其展开分析，明确评价区域的土壤指标和地形指标。

③产业特色

产业布局结合《湖南省"水稻生产功能区和油菜籽、棉花生产保护区划定实施方案》（以下简称"两区"划定）和《湖南省"一县一特"主导特色产业发展指导目录》（以下简称"一县一特"）。

表 3-1　优势特色产业产地环境适宜性评价指标体系

目标层	准则层	指标层
优势特色产业产地环境适宜性评价（A）	气象条件（B_1）	年平均温度/℃（C_1）
		≥10℃的有效积温/℃（C_2）
		有效低温时数/h（C_3）
		日照时数/h（C_4）
		年均降水量/mm（C_5）
		空气相对湿度/%（C_6）
	土壤条件（B_2）	土壤类型（C_7）
	地形条件（B_3）	海拔/m（C_8）
		纬度（C_9）
	产业特色条件（B_4）	"一县一特"（C_{10}）
		"两区"划定（C_{11}）

四、产业布局原则

产业布局坚持市场主导、政府引导，并按照主体功能区要求进行布局，发展多种生态经济形式，增强生态产品供给。

第四章 湖南农业优势特色产业空间布局

一、水稻产业

湖南是我国水稻生产的主要产区，位于我国单双季稻作带，除小部分山区适宜种植单季水稻外，其余大部分地区适宜种植双季水稻。

1. 双季稻种植最优区

最优区主要分布在：

①洞庭湖平原双季稻区：共 19 个县（市、区），包括常德市（石门县除外）、岳阳市、益阳市（安化县除外）。

②长衡丘陵盆地双季稻区：共 22 个县（市、区），包据长沙市，株洲市，湘潭市，衡阳市，郴州市的永兴县、安仁县，娄底市的双峰县、新化县。

③郴祁邵丘陵盆地双季稻区：共 22 个县（市、区），包括永州市，娄底市，郴州市的苏仙区、嘉禾县、桂阳县、宜章县、临武县，邵阳市的邵东市、邵阳县。

2. 双季稻种植优势区

优势区主要分布在郴州市的资兴市，永州市的蓝山县，益阳市的安化县，邵阳市的新邵县、洞口县、隆回县、武冈市、新宁县，怀化市的中方县、沅陵县、溆浦县、辰溪县、洪江市，常德市的石门县、张家界市的慈利县、永定区，共 16 个县（市、区）。

3. 单季稻种植优势区

优势区主要分布在雪峰山区和武陵山区的部分县（市），包括郴州市的桂东县、汝城县，邵阳市的绥宁县、城步苗族自治县（以下简称城步县），张家界市的桑植县，怀化市的会同县、麻阳县、新晃侗族自治县（以下简称新晃县）、芷江县、靖州苗族侗族自治县（以下简称靖州县）、通道侗族自治县（以下简称通道县），湘西州的吉首市、泸溪县、凤凰县、花垣县、保靖县、古丈县、永顺县、龙山县共 19 个县（市）。

二、畜禽产业

1. 生猪

全省生猪产业区域布局分为稳定发展区、约束发展区、创新发展区、潜力增长区，四个区域协同发展。

①稳定发展区：主要布局在大湘南区（衡阳市、永州市、郴州市）及娄底市，包括衡南县、双峰县、道县、冷水滩区、宜章县等 28 个县（市、区）。该区当前养殖量大、调出量大，出栏密度中等，区位优势好，是湖南传统生猪主产区。

②约束发展区：主要布局在环洞庭湖区及张家界市，包括岳阳县、安乡县、南县等 23 个县（市、区）。该区的洞庭湖生态经济圈生猪产销量大，养殖量接近土壤承载能力上限，生态环境治理任务重；张家界市规划发展全域旅游，适养区域少。

③创新发展区：主要布局在长株潭区的长沙市、株洲市、湘潭市 3 市，包括长沙县、渌口区、湘潭县等 10 个县（市、区）。该区养殖密度大，养殖量已近饱和。该区既是生态绿心保护地区，资源环境趋紧，又是省会经济圈、中高端消费群体集聚区，有屠宰加工龙头企业、品牌和外销出口基础，产业链较为完整，适合率先推动产品结构调整和产业转型升级。

④潜力增长区：主要布局在大湘西区的邵阳市、怀化市、湘西州 3 市

（州），包括洞口县、溆浦县、花垣县等 18 个县（市、区）。该区环境和土地容量大，增长潜力大。

2. 草食动物

（1）肉牛

肉牛养殖充分开发利用丘陵山区和南方草山草坡资源，保障基础生产能力，提高牛肉供应保障能力和质量安全水平，形成以大湘南区（永州、郴州、衡阳 3 市），大湘西区的娄底市、邵阳市、怀化市、湘西州 4 市（州）及常德市为核心的地方品种的黑牛、黄牛、红牛及巫陵牛优势产区，包括涟源市、新化县、祁东县、常宁市、永兴县、资兴市等 53 个县（市、区）。

（2）肉羊

肉羊实行生态饲养，鼓励放养或半放养模式，形成以长沙市、株洲市、常德市及张家界市为核心的地方品种的黑山羊、马头山羊、武陵山羊养殖区，包括平江县、浏阳市、醴陵市、攸县、石门县等 17 个县（市、区）。

（3）奶牛

构建以长株潭大中城市低温奶供应为主的城步县、鼎城区、汉寿县、江华瑶族自治县（以下简称江华县）等奶牛养殖区，对不适宜种植食用农产品的耕地进行调整，用于种植高蛋白质饲料，主要集中在以长株潭地区为主的宁乡市、望城区、渌口区、湘乡市、湘潭县。

3. 家禽

全省家禽以鸡、鸭养殖为主，其中鸡形成湘南湘中优质黄鸡、湘西雪峰乌骨鸡、湘北湘南专业化蛋鸡三个养殖带，鸭形成环洞庭湖区水禽及湘南临武鸭两个养殖带。

①湘南湘中优质黄鸡养殖带。主要区域为湘潭市、衡阳市、永州市等 5 市，包括湘潭县、双峰县、衡山县、祁阳市、永兴县等 16 个县（市、区），主养湘黄鸡、东安鸡等地方优质黄羽肉鸡。

②湘西雪峰乌骨鸡养殖带。主要区域为怀化市、邵阳市 2 市，包括辰溪

县、麻阳县、洞口县、武冈市等 11 个县（市、区）。

③湘北湘南专业化蛋鸡养殖带。以湘北、湘南 2 个集聚区为主。湘北集聚区主要集中在常德市，包括桃源县、临澧县、澧县、汉寿县、安乡县等 8 个县，主养桃源鸡；湘南集聚区主要集中在郴州市、永州市，包括桂阳县、安仁县、东安县、零陵县等县（市、区）。

④环洞庭湖区水禽养殖带。主要分布在环洞庭湖的常德市、益阳市、岳阳市 3 市，包括桃源县、鼎城区、华容县、湘阴县、赫山区等 15 个县（市、区），主养洞庭麻鸭等地方水禽。

⑤湘南临武鸭养殖带。主要分布在郴州市、永州市，包括临武县、嘉禾县、桂阳县、宜章县、新田县、道县、宁远县 7 个县。

三、蔬菜产业

1. 茄果类蔬菜

最优区：主要布局在洞庭湖区的常德市、益阳市，长株潭区，大湘南区及大湘西区的邵阳市、怀化市、湘西州，包括桃源县、资阳区、望城区等 44 个县（市、区）。

优势区：主要布局在洞庭湖区的常德市、岳阳市，长株潭区，大湘南区及大湘西区的邵阳市、怀化市、湘西州，包括临澧县、华容县、南县等 48 个县（市、区）。

2. 瓜类蔬菜

最优区：主要布局在洞庭湖区，长株潭区，大湘南区的永州市、郴州市及大湘西区的怀化市，包括澧县、资阳区、华容县等 40 个县（市、区）。

优势区：主要布局在洞庭湖区的岳阳市，长株潭区，大湘南区及大湘西区的怀化市、邵阳市、娄底市、湘西州，包括云溪区、攸县、花垣县等 42 个县（市、区）。

3. 叶类蔬菜

最优区：主要布局在洞庭湖区，长株潭区，大湘南区及大湘西区的怀化市、湘西州、张家界市，包括安乡县、武陵区、南县等 45 个县（市、区）。

优势区：主要布局在洞庭湖区的常德市、岳阳市，长株潭区的长沙市、株洲市，大湘南区及大湘西区的怀化市、邵阳市、娄底市、湘西州，包括临澧县、湘阴县、浏阳市等 44 个县（市、区）。

四、水果产业

1. 柑橘优势区域布局

湖南柑橘产业布局为南起邵阳市城步县，北至常德市石门县，建设湘中雪峰山区鲜食与加工温州蜜柑产业带；湘西州全境和怀化市、张家界市的部分县（市、区）建设武陵山脉椪柑生产带；在热量资源丰富的湘南和小区气候优越的地区发展橙类品种；建设以洪江市、麻阳县、永兴县为主的湘西南冰糖橙基地，以江永县为主的香柚生产基地，以张家界市为主的菊花芯柚生产基地，以浏阳市为主的金柑生产基地。

最优区：以大湘西为主，包含环洞庭湖区和大湘南区的部分县（市、区），主要为洞口县、新宁县、资兴市、石门县、永兴县等 23 个县（市、区）。

优势区：在全省分布较广，包括江永县、澧县、桃源县等 44 个县（市、区）。

2. 猕猴桃优势区域布局

湖南猕猴桃产业布局以大湘西为主，长株潭和大湘南部分县（市、区）亦可布局。在大湘西以中晚熟及加工型的美味猕猴桃品种为主；在长株潭和大湘南地区则应以中华猕猴桃优质早熟鲜食良种为主。

最优区：包括会同县、芷江县、靖州县、永顺县、凤凰县等 20 个县（市、区）。

优势区：包括泸溪县、渌口区、醴陵市、攸县、茶陵县、炎陵县等 27 个县（市、区）。

3. 桃优势区域布局

湖南桃产业的优势产区主要为大湘西，大湘南、长株潭和环洞庭湖区部分县（市、区）有少量分布。重点在炎陵县、攸县等地发展黄桃，在溆浦县、芷江县等地发展颐红脆蜜桃，在浏阳市等地发展松森桃。

最优区：包括炎陵县、攸县、临湘市、桃江县、龙山县、溆浦县、芷江县、浏阳市等 50 个县（市、区）。

优势区：包括安化县、祁阳市等 12 个县（市、区）。

4. 梨优势区域布局

湖南大部分地区可发展梨产业。重点在岳阳市、长沙市、衡阳市等地发展翠冠梨、圆黄梨、黄金梨等；在慈利县、保靖县、麻阳县、芷江县、洪江县、靖州县等地发展金秋梨等；在江华县发展瑶山雪梨等；在汝城县发展水晶梨等；在城步县发展苗香梨等。

最优区：包括汝城县、道县、茶陵县、衡阳县、江华县、衡东县、湘潭县、长沙县等 30 个县（市、区）。

优势区：包括桃江县、临湘市、隆回县等 15 个县（市、区）。

5. 葡萄优势区域布局

湖南大部分地区可发展葡萄产业。最优区和优势区集中在大湘南、长株潭和环洞庭湖区，重点在常德市、长沙市及各主要城市周边发展阳光玫瑰葡萄；常德市、岳阳市等地发展红地球葡萄；郴州市、衡阳市等地发展巨峰葡萄；在怀化市、湘西州等地发展刺葡萄（湘珍珠葡萄）；夏黑无核葡萄全省均可发展。

最优区：包括雨湖区、湘潭县、衡东县、衡阳县、湘阴县、澧县、岳阳县等 26 个县（市、区）。

优势区：包括隆回县、东安县、嘉禾县、常宁市、桃江县等 32 个县（市、区）。

五、茶叶产业

湖南茶叶产业区域布局以大湘西为主，总体呈现向西北聚集、多点散射的特点。

最优区：包括古丈县、南岳区、安化县、沅陵县、吉首市、汝城县、洞口县、桑植县等32个县（市、区）。

优势区：包括长沙县、浏阳市、宁乡市、岳阳县、湘阴县、临湘市、邵东市、隆回县、宜章县等38个县（市、区）。

六、水产产业

全省形成两个水产优势产区：一是以洞庭湖区的常德市、岳阳市、益阳市3市及长沙市、衡阳市、湘潭市部分县为核心的大宗鱼、名贵鱼、龟鳖、虾蟹及稻虾综合种养优势产区；二是以大湘南区的郴州市、永州市及大湘西区的邵阳市、怀化市、娄底市及湘西州为主的名贵鱼、稻渔综合种养优势产区。

七、油茶产业

湖南为全国油茶的优势产区。将全省划分为2个油茶产业优势片区，即湘东湘南油茶优势片区和湘西湘北油茶优势片区。

1. 湘东湘南油茶优势片区

区域范围包括长沙市、株洲市、衡阳市、郴州市、永州市、岳阳市、娄底市部分县（市、区），以浏阳市、醴陵市、攸县、茶陵县、渌口区等17个县（市、区）为中心，辐射宁乡市、炎陵县、湘乡市、祁东县、衡山县等49个县（市、区）。

2. 湘西湘北油茶优势片

区域范围包括邵阳市、常德市、怀化市、湘西州、张家界市、娄底市、益阳市部分县（市、区），以邵阳县、鼎城区、临澧县、桃源县、中方县、辰溪县、永顺县 7 个县（市、区）为中心，辐射绥宁县、邵东市、隆回县、新邵县、城步县、武冈市、汉寿县、武陵区、石门县等 49 个县（市、区）。

八、油菜产业

湖南为油菜的优势种植区，应在坚持原有种植优势格局的基础上，因地制宜，寻求新发展。湘中和湘南：主攻面积和单产，在探索山地高产种植模式的基础上，倡导大田冬种油菜，做到养地和效益相结合；发展生态观光旅游，进行油菜多功能开发。湘北：主攻单产和良繁，利用其良好的种植传统经验和区域隔离条件，建设一个能长远服务全省良种更新换代的良繁基地。

最优区：包括鼎城区、安乡县、汉寿县、澧县、南县、桃江县、安化县、沅江市、岳阳县、华容县、湘阴县、平江县等 97 个县（市、区）。

优势区：包括雨湖区、岳塘区、韶山市、南岳区、岳阳楼区、武陵区、武陵源区、北湖区、双牌县等 25 个县（市、区）。

九、中药材产业

1. 湘莲优势区域布局

以湖南湘潭市为中心，核心区域包括湘江流域中下游的湘中低山丘陵小区等周边地区，辐射周边气象、地形、土壤条件相似的地区。

最优区：湘潭县、韶山市、湘乡市、衡东县、道县、安乡县等，共 15 个县（市、区）。

优势区：平江县、冷水滩区、零陵区、澧县、临澧县、津市市等，共 15 个县（市）。

2. 玉竹优势区域布局

玉竹以衡邵盆地为核心，包括邵阳市、衡阳市以及与此区域接壤的娄底市、益阳市等湘中丘陵盆地，辐射周边气象、地形、土壤条件相似的地区。

最优区：怀化市、娄底市、邵阳市大部分县（市、区），益阳市、衡阳市和郴州市的部分县（市、区），共 41 个县（市、区）。

优势区：永州市、衡阳市和郴州市部分县（市、区），共 20 个县（市、区）。

3. 山银花优势区域布局

以邵阳市隆回县及周边地区为主，辐射周边气象、地形、土壤条件相似的地区。

最优区：怀化市、邵阳市、株洲市大部分县（市、区），郴州市的桂东县、汝城县、安仁县，永州市的双牌县以及平江县、浏阳市，共 31 个县（市、区）。

优势区：邵阳市、怀化市、永州市山银花最优区外的其他县市，娄底市的娄星区、冷水江市、涟源市，张家界市的慈利县、永定区，共 21 个县（市、区）。

4. 百合优势区域布局

以邵阳市隆回县及周边地区、龙山县及周边地区为主，辐射周边气象、地形、土壤条件相似的地区。

最优区：隆回县、洞口县、绥宁县、城步县、武冈市、新宁县等，共 32 个县（市、区）。

优势区：怀化市、永州市、湘西州部分县（市、区），以及长沙县、望城区等，共 23 个县（市、区）。

5. 枳壳（实）优势区域布局

以郴州市安仁县、益阳市沅江市及周边地区为主，辐射周边气象、地形、土壤条件相似的地区。

最优区：郴州市、益阳市、株洲市、永州市大部分县（市、区），以及怀化的泸溪县、辰溪县、麻阳县、洪江市、中方县，娄底的涟源市，湘西州的龙山县等，共 39 个县（市、区）。

优势区：长沙市、湘潭市、娄底市、邵阳市的大部分县（市、区），以及益阳市的安化县、桃江县，常德市的石门县、津市市，湘西州的保靖县、花垣县、凤凰县等，共 32 个县（市、区）。

十、南竹产业

最优区：主要以洞庭湖区、大湘南部分县（市、区）和大湘西部分县（市、区）为主，包括岳阳市大部分县（市、区），常德市的汉寿县、桃源县，益阳市的安化县、桃江县，娄底市的双峰县、新化县、冷水江市，衡阳市的耒阳市、常宁市，邵阳市的绥宁县、新宁县、城步县，永州市的零陵区、冷水滩区、东安县、双牌县，怀化市的会同县、洪江市，长沙市的浏阳市，共 27 个县（市、区）。

优势区：郴州市全境，怀化市、益阳市、衡阳市、永州市南竹最优区外的其他县（市、区），以及株洲市的攸县、茶陵县、炎陵县、醴陵市，长沙市的长沙县、望城区、宁乡市，共 52 个县（市、区）。

各产业详细布局，见下编。

第五章 优化优势特色产业空间布局对策建议

1. 坚持规划引领，优化农业生产力布局

尊重农业生产自身规律，根据各地自然条件、资源禀赋、气候条件，立足湖南特色产业的现实基础，结合区域经济的发展要求，明确全省农业优势特色产业在 122 个县（市、区）的布局情况，确立优势特色产业优势产区，促进特色产业的布局区域化、生产规模化和经营产业化。采用典型带动与整体推进相结合的发展方式，建立特色农产品基地、示范区、辐射区，以基地带动示范区，以示范区带动辐射区，形成以线串点、以点带面的发展格局，并为省市县各级政府作为决策、指导农业农村发展的重要参考依据。

2. 强化引导，推动产业集聚发展

针对全省各县地区间存在较严重的重复建设、同质化竞争等情况，应通过政策加强引导，制定科学合理的农业集群化发展规划，以农业优势特色产业为基础，以产品加工业为龙头，以物流业的发展为带动，依托农业产业园区，构建区域优势特色农业产业集群，有条件的可打破行政区划的限制，对邻近县市进行资源整合，实现资源互补，拓展产业链，推动产业集聚发展。

3. 提高产品品质，发展冷链物流

加快推进农产品产地仓储保鲜冷链物流设施建设，改善农产品品质，减少农产品产后损失，提高农产品附加值和溢价能力。以最优区和优势区为重点，在村镇支持一批新型农业经营主体加强仓储保鲜冷链设施建设，推动完善一批由新型农业经营主体运营的田头市场。实现鲜活农产品产地仓储保鲜冷链能力

明显提升，产后损失率显著下降；商品化处理能力普遍提升，产品附加值大幅增长；仓储保鲜冷链信息化与品牌化水平全面提升，产销对接更加顺畅；主体服务带动能力明显增强；"互联网＋"农产品出村进城能力大幅提升。

4. 加快土地制度改革，有效配置土地资源

积极落实产地仓储保鲜冷链物流设施用地政策，将与生产直接关联的分拣包装、保鲜存储等设施用地纳入农用地管理，切实保障农产品仓储保鲜冷链设施用地需求。对需要集中建设仓储保鲜冷链设施的田头市场，应优先安排年度新增建设用地计划指标，保障用地需求。农村集体建设用地可以通过入股、租用等方式用于农产品仓储保鲜冷链设施建设。

5. 推动农业优势特色产业向优势区域集中

按照比较优势的原理，积极引导各地区农业生产结构调整，巩固和完善有关农业特色产业发展政策体系，加大优势区域扶持力度，引导资金、人才、技术等各种要素向优势区域集聚，促进农业生产合理布局，在优势区内，鼓励培植优势、放弃劣势，优化资源配置，从而实现全省范围内农业优势特色产业的特色化发展。

下编 湖南农业优势特色产业空间布局研究专项报告

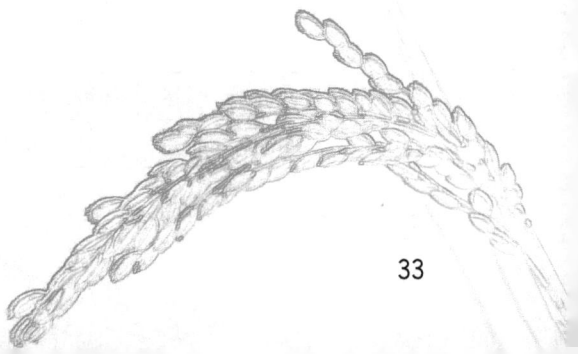

第六章　湖南水稻产业空间布局研究

一、湖南水稻产业现状

总体来看，湖南水稻生产总体形势向好，水稻面积略有减少，水稻总产波动上升，机械化水平和适度规模化发展加快。2018 年湖南水稻播种面积占全国水稻总播种面积的 13.28%，继续居全国第一位；水稻产量占全国水稻产量的 12.61%，位居全国第二位；单产水平相较于全国平均水平略低，为全国平均水平的 94.93%。

1. 水稻播种面积稳中略降，稻谷总产波动中上升

从 2007—2018 年来看，水稻播种面积稳中略降，水稻单产和总产波动中上升（见表 6-1）。2018 年，全省水稻播种面积 400.9 万 hm²，比 2017 年减少 22.97 万 hm²，减幅 5.42%，比 2007 年减少 7.98 万 hm²，减幅为 1.96%。2007—2018 年水稻播种面积稳中略降，年均增长率为 -0.18%。导致播种面积下降的主要原因可能是种植结构调整、农民种粮效益低、农田基础设施陈旧及农业劳动力素质较低等。

表 6-1　2007—2018 年湖南水稻产业生产情况

年　份	播种面积/万 hm²	稻谷单产/(kg/hm²)	总产量/t
2007 年	408.88	6 105	24 962 049
2008 年	419.52	6 351	26 642 741

续表

年 份	播种面积/万 hm²	稻谷单产/(kg/hm²)	总产量/t
2009 年	404.72	6 371	25 786 000
2010 年	403.05	6 218	25 060 000
2011 年	406.63	6 334	25 754 000
2012 年	409.51	6 426	26 316 300
2013 年	408.5	6 271	25 615 300
2014 年	412.07	6 392	26 340 000
2015 年	411.41	6 429	26 448 100
2016 年	408.55	6 370	26 023 000
2017 年	423.87	6 465	27 403 500
2018 年	400.9	6 670	26 740 100
2007—2018 年均增长率/%	−0.18	0.80	0.62

注：数据来源于湖南省统计局历年内部资料。

2007—2018 年，水稻单产和总产波动中上升，从表 6-1 可以看出，湖南水稻单产呈现波动上升趋势，基本稳定在 6 105～6 670 kg/hm²，水稻单产最高年是 2018 年的 6 670 kg/hm²。湖南水稻总产也呈现波动上升趋势，基本稳定在 2 496.24 万～2 740.35 万 t，水稻总产最高年是 2017 年 2 740.35 万 t，最低是 2007 年 2 496.24 万 t。整体来说粮食的总产随播种面积和单产水平的变化而变化，整体呈波动上升趋势。

2. 水稻种植模式多元化发展

目前，湖南水稻种植模式呈现多样化，早中晚稻种植品类变化略有不同。全省水稻种植主要以双季稻、一季稻、稻-油（菜）、稻-鱼（虾、鸭等）、一季稻-再生稻等模式为主。杂交稻所占比重略有下降，但仍远高于常规稻，2016 年杂交稻与常规稻的种植面积比约为 2.56∶1，杂交稻种植面积占稻谷种植总面积的 78.6%，产量占稻谷产量的 80.0%。其中，杂交早稻所占比重略有下降，由 2012 年的 65.4% 下降到 2016 年的 60.2%；另外，杂交中稻及一季晚稻和杂交晚稻所占比重稳定上升，分别由 2012 年的 85.1％、71.8％上升到 2016 年的 90.2％、76.0％。2016 年，在水稻整体播种面积降低的前提下，湖南优质稻种植基本保持稳定，优质稻种植面积发展到 290 万 hm²，占水稻播种面积的 71.1％，较 2015 年的 70.9％略有提升，说明农户在选择种植品种时逐渐向优质品种转变。

3. 水稻生产机械化水平快速提升

2009 年，湖南水稻耕种收综合机械化水平为 38.5％，后期随着农机行业的进步和推广，农业机械化率大幅提升，2013 年、2015 年、2016 年湖南水稻耕种收综合机械化水平分别为 62.3％、68.4％、70.6％，2018 年湖南水稻耕种收综合机械化水平达到 73.8％，位居南方稻区第一，洞庭湖区部分县（市、区）的水稻耕种收综合机械化水平达 87.9％。总体来看，湖南水稻生产全程机械化发展较快，其中机耕、机收已基本过关，但机插仍然相对落后，洞庭湖区比湘中丘陵区、湘西山区和湘南山区的综合机械化水平稍高，地形、种植模式、农机设计和农民认知度在一定程度上制约着湖南水稻机插技术的发展。

4. 稻米加工向优质化、品牌化发展

湖南粮食生产着力稳总产、优品质、提效益，主攻优质稻开发，满足消费升级需求，引领粮农增收。全力打造稻米"全产业链"企业，引导稻米加工企业进入水稻种植、稻谷收储、生产加工、产品研发、市场营销、品牌建设等领域。打造出了金健、天龙、隆平等全国米业知名品牌，金健大米和银光牌大米被评为"中国名牌"，63 家企业和 186 个产品被中国粮食行业协会授予"放心米"称号，在全国影响较大的"金健""广积""粒粒晶""盛湘"等品牌优质大米已成为居民首选的消费品，这些名牌产品不仅在国内占据了较大的市场份额，而且优质大米出口远销非洲、北美洲以及东南亚一些国家和地区。

近年，湖南农业走精细化发展路子，开始发展高档优质稻，选择省内优良产地环境，调优耕作制度，推广绿色栽培技术，打造高档优质稻种植示范基地近 500 万亩。主推桃优香占、泰优 390、兆优 5455 等高档优质杂交稻新品种，

深受种粮大户青睐，在鼎城区、桃源县、南县等地，高档优质稻示范片为10万亩以上。各地农业部门牵线搭桥，组织龙头企业对接高档优质稻示范基地，精细加工出好米。全省重点打造"常德香米""松柏大米""赫山兰溪大米""南洲虾稻米"等区域公用品牌，并组织企业赴北京、上海、广州等地参展农博会，打响"湘米"品牌，抢占高端市场。

5. 二十年来湖南水稻产业布局变化情况

总体来看，水稻种植生产逐渐向优势区域集聚，洞庭湖区域水稻种植面积相对较大，水稻产量大县所占比重持续稳定。

从14个地市州的水稻播种面积来看，常德市的播种面积最大，其次是衡阳市，2018年排在前六位的是常德市、衡阳市、岳阳市、邵阳市、永州市、益阳市，占湖南水稻播种面积的62.92%。1998年、2008年、2018年常德市、岳阳市、益阳市的水稻播种面积呈增长趋势，水稻种植逐步向洞庭湖区集聚；1998年、2008年、2018年长沙市、郴州市、怀化市、娄底市、湘西州、张家界市的水稻种植面积呈下降趋势（见表6-2）。

表6-2　1998年、2008年、2018年湖南水稻播种面积情况

县（市、区）	1998年			2008年			2018年		
	播种面积/（×10³ hm²）	占全省比重/%	排位	播种面积/（×10³ hm²）	占全省比重/%	排位	播种面积/（×10³ hm²）	占全省比重/%	排位
常德市	483.15	12.18	1	534.30	12.74	1	517.17	12.95	1
衡阳市	444.57	11.20	2	468.12	11.16	2	448.33	11.22	2
岳阳市	343.74	8.66	6	445.18	10.61	3	425.79	10.66	3
邵阳市	389.71	9.82	3	411.57	9.81	5	402.86	10.09	4
永州市	380.03	9.58	4	419.31	10.00	4	395.51	9.90	5
益阳市	276.29	6.96	7	333.99	7.96	7	323.57	8.10	6
长沙市	371.96	9.37	5	340.19	8.11	6	284.66	7.13	7
郴州市	255.81	6.45	8	249.77	5.95	8	244.86	6.13	8
株洲市	230.72	5.81	10	240.45	5.73	9	218.15	5.46	9
怀化市	252.12	6.35	9	224.04	5.34	10	212.85	5.33	10

续表

县（市、区）	1998 年			2008 年			2018 年		
	播种面积/（×10³ hm²）	占全省比重/%	排位	播种面积/（×10³ hm²）	占全省比重/%	排位	播种面积/（×10³ hm²）	占全省比重/%	排位
娄底市	183.68	4.63	12	182.33	4.35	12	127.02	4.70	11
湘潭市	193.46	4.88	11	201.23	4.80	11	175.53	4.39	12
湘西州	97.88	2.47	13	90.37	2.15	13	54.41	2.47	13
张家界市	65.11	1.64	14	54.32	1.29	14	35.02	1.46	14

从 122 个县（市、区）来看，粮食生产大县总产量持续稳定。全省有 62 个粮食生产大县，1998 年、2008、2018 年的水稻产量排前六十名的县中分别有 57 个、58 个、58 个为湖南粮食生产大县，1998 年、2008 年、2018 年产量排前六十名县（市、区）的水稻产量占全省比重分别为 83.85％、84.77％、83.59％，占比均在 80％以上，从对比结果来看（见表 6-3），近二十年来，粮食生产大县的产量比重较稳定，水稻生产仍然呈现出向优势区集聚的趋势。

表 6-3 湖南水稻大县空间分布演变

年 份	产量占全省比重	产量排前六十名的县（市、区）
1998	83.85％	宁乡市、湘潭县、浏阳市、衡阳县、鼎城区、衡南县、桃源县、湘乡市、长沙县、双峰县、祁阳县、醴陵市、攸县、耒阳市、祁东县、汉寿县、邵东市、平江县、衡东县、湘阴县、洞口县、望城区、武冈市、隆回县、新化县、常宁市、邵阳县、汨罗市、赫山区、茶陵县、岳阳县、涟源市、渌口区、澧县、零陵区、桃江县、溆浦县、华容县、南县、东安县、临澧县、安仁县、桂阳县、沅江市、道县、新宁县、新邵县、宁远县、宜章县、衡山县、冷水滩区、临湘市、石门县、安化县、慈利县、沅陵县、安乡县、永兴县、资兴市、洪江市

续表

年　份	产量占全省比重	产量排前六十名的县（市、区）
2008	84.77%	宁乡市、湘潭县、鼎城区、桃源县、汉寿县、衡南县、衡阳县、长沙县、浏阳市、湘乡市、祁阳县、华容县、湘阴县、攸县、双峰县、南县、赫山区、耒阳市、岳阳县、醴陵市、平江县、汨罗市、澧县、沅江市、隆回县、邵阳县、祁东县、洞口县、武冈市、常宁市、邵东市、望城区、新化县、衡东县、零陵区、东安县、涟源市、茶陵县、道县、渌口区、冷水滩区、桃江县、临湘市、安乡县、临澧县、溆浦县、宁远县、新邵县、资阳区、安仁县、新宁县、桂阳县、宜章县、安化县、衡山县、沅陵县、石门县、汝城县、慈利县、洪江市
2018	83.59%	宁乡市、桃源县、湘潭县、鼎城区、衡南县、衡阳县、汉寿县、华容县、浏阳市、祁阳县、湘阴县、岳阳县、南县、澧县、赫山区、湘乡市、双峰县、醴陵市、耒阳市、隆回县、汨罗市、沅江市、长沙县、祁东县、洞口县、攸县、平江县、常宁市、邵阳县、衡东县、新化县、武冈市、邵东市、零陵区、桃江县、东安县、安乡县、临湘市、临澧县、道县、涟源市、望城区、冷水滩区、安仁县、茶陵县、宁远县、资阳区、溆浦县、新邵县、桂阳县、宜章县、新宁县、衡山县、石门县、渌口区、沅陵县、慈利县、安化县、永兴县、芷江县

二、制约湖南水稻产业健康发展的主要因素

1. 农业基础设施建设相对滞后

湖南现代农业发展不断加快的进程中，农田基础设施建设仍是制约农业发展的重要瓶颈。近年来，各个部门对农业的支持力度不断加大，但仍存在以下问题。一是水稻生产基础设施不配套，农村水利基础薄弱，水库失修、水渠损毁现象严重，部分种植大户租赁土地未经整改，田间道路狭窄，机耕道建设不足，不便于机械化操作，对农业机械化发展极为不利。二是水稻生产配套设施不完善，尤其是晒谷坪、仓库及农机房等严重缺乏，这一问题在中小规模种植户中反映突出。

2. 农业机械化发展不平衡

尽管近年来全省水稻机械化耕种收获水平发展较快，耕整地和收割环节机械化水平较高，但在水稻栽植机械化方面，尤其是工厂化育秧、机插等方面机械化生产发展水平较低。此外，湖南丘陵山区较多，由于丘陵山区土地分散，生态条件复杂，同时由于悠久的栽培历史衍生出的多种粮食种植模式，户与户之间栽培技术不同，作物的农艺性状也不同，加上农户生产规模的限制和农作条件的限制，导致农机与农艺的结合发展不均衡，不利于水稻生产的全程机械化。在大湘南和大湘西部分山区由于地势高，只能牛耕田、人工收割稻谷，农业机械设备无法到达田间地头。2018 年湖南水稻耕种收综合机械化水平达到73.8%，部分地区基本实现机耕和机收，但是机插率仅 29.0%。调研中发现，水稻收获和耕种机械发展较快，干燥机械仍有很大的发展空间，田间管理机械仍处在起步阶段，仍主要靠人工和人机结合作业为主，机械植保仍是以小型背负式喷雾器为主，飞防植保尚未推广开。

3. 稻谷收购价下调后种植效益大幅下降

2017 年稻谷价格全面下调，这是我国 2004 年实行稻谷最低收购价以来的首次下调，2018 年持续下调。2018 年，早籼稻（三等，下同）、中晚籼稻和粳稻每 50 kg 最低收购价格分别为 120 元、126 元和 130 元，比 2017 年分别下调 10 元、10 元和 20 元，下调后的最低收购价基本降到了稻谷生产的成本线上。粮食保护价下调后，双季生产稻谷收益减少 300 元/亩左右，加上农资成本上涨 30~50 元/亩，人工成本和土地流转费用不同程度上涨，各类规模种粮新型经营主体大多处于保本甚至亏损经营状态，导致部分地方出现一些种粮大户退租、减种，甚至弃种抛荒的现象。尤其在长株潭、洞庭湖地区，交通便利、土地肥沃，一般会根据种植效益调整种植结构，如种植蔬菜、葡萄、棉花等经济效益高的农作物，导致近年长株潭地区、洞庭湖地区种粮面积减幅相对较大。

4. 农业自然灾害对水稻生产仍然影响较大

近年来，农业自然灾害风险并没有随着经济的发展而减少。农业自然灾害风险大；灾害种类多，造成灾害的类型复杂多样；自然灾害发生频率不断提高，重大自然灾害发生趋于频繁；灾害影响范围越来越广，损失程度趋于严重。气象灾害和生物灾害的威胁越来越大，已成为影响水稻生产发展的最不确定性因素。2016年全省受灾面积达 546.64 万 hm^2，成灾面积 150.64 万 hm^2，成灾率 27.6%，因灾减产的粮食达 148.22 万 t。总体来看，干旱、高温、洪涝等气象灾害对省内水稻生产的影响逐年加重。此外，受气候变暖的影响，越冬虫害趋势越来越大；纹枯病、稻飞虱、稻纵卷叶螟、二化螟等病虫害出现蔓延态势，防控难度加大，尤其是水稻二化螟的发生、为害逐年加重，扩散范围越来越广，而且难以防治。

5. 优质优品区域待优化布局与开发

近年来，随着水稻育种的发展进步，虽然杂交水稻优质化程度有了很大的提高，但与国外优质稻米相比差距较大，特别是整精米率等加工品质方面。杂交水稻生产结构现状与市场需求不协调，影响稻农种粮的积极性，缺乏消费者、加工销售企业与农户都满意的优质稻品种。一般消费者大多喜爱外观好、适口性好与价格适宜的优质稻米；稻米加工销售企业需要整精米率高、耐贮藏的水稻品种；农民则需要产量稳定、抗性好的稻米品种。在现行的水稻品种中很难达到这种要求。现有的稻谷类型少、用途单一，表现为粳米生产少（主要是生产籼米），而优质食用稻、饲用稻、加工稻的研发尚未形成规模，限制了市场与用途的开发。整体来说，优质优品区域待优化布局与开发。

三、湖南水稻产业基地布局需要考虑的主要因素

1. 国家政策和省委、省政府工作要求

粮食安全生产是"稳定器"和"压舱石"，对促进全省经济社会平稳健康发展意义重大，各地要深入贯彻习近平总书记关于"三农"工作的重要论述精

神，根据《湖南省人民政府关于稳定发展粮食生产的通知》（湘政发〔2020〕6号）的要求，按照党中央、国务院决策部署和省委、省政府工作要求，坚决扛起粮食生产大省的政治责任，坚持高质量发展要求，牢固树立底线思维，科学研判，精准施策，确保全省粮食面积稳定在 7 000 万亩左右，力争产量在 300 亿 kg 以上。千方百计稳定粮食面积，减少优势区"一季稻插花"和"双改单"面积，引导有条件的地方恢复发展双季稻生产，稳步扩大早稻面积。全力遏制耕地抛荒，确保水稻生产功能区至少种上一季水稻，避免出现"非农化""非粮化"现象。

2. 气象条件

（1）温度要求

水稻幼苗发芽最低温度 10～12 ℃，最适发芽温度 28～32 ℃。分蘖期需日平均温度 20 ℃以上，穗分化适宜温度 30 ℃左右；低温使枝梗和颖花分化延长。抽穗适宜温度 25～35 ℃。开花最适宜温度 30 ℃左右，低于 20 ℃或高于 40 ℃，受精受严重影响。早稻播种至成熟需日平均温度≥10 ℃的活动积温 2 100～2 600 ℃，有效积温 1 200～1 500 ℃。晚稻播种至成熟需日平均温度≥10 ℃的活动积温 2 300～2 600 ℃，水稻最佳灌浆温度以日平均温度 22.1～24.8 ℃为最佳。

水稻是喜温作物，也是喜光作物。早稻品种具有感温性强的特点，其营养生长期长短主要取决于温度高低。晚稻品种的感光性、感温性都强，生育期长短主要受日照的影响。当热量资源≥10 ℃时，积温 2 000～4 500 ℃的地方适于种一季稻（单季稻），4 500～7 000 ℃的地方适于种两季稻（双季稻）。湖南各地≥10 ℃积温条件基本能满足双季稻生产，双季稻生长面临的风险主要是3月中旬至4月下旬早稻可能遇到倒春寒，导致烂牙、死苗；5月遇到低温对早稻返青、分蘖、幼穗分化产生不利影响；晚稻在9月可能遇到寒露风，导致延迟抽穗、空壳增多。水稻在生长前期、后期易受低温危害，短时期的低温导致双季稻收成差、减产，所以在水稻生长期易受低温影响的区域种植双季稻应避开这三个低温时期，可以选择种植单季稻。

（2）水分要求

空气相对湿度50％～90％为宜，穗分化至灌浆盛期是结实关键期；对提高结实率和粒重意义重大。适宜种水稻的地区，一般年降水量应在1 000～1 800 mm。

水稻全生长季需水量范围一般为700～1 200 mm，大田蒸腾系数为250～600。当空气相对湿度为50％～60％时，稻叶光合作用最强；随着湿度增加，光合作用逐渐减弱。空气相对湿度70％～80％有利于受精，灌浆期田面要有浅水，乳熟后期干湿交替灌溉，有利于提高根系活力及物质调配和运转。水稻在返青期、减数分裂期、抽穗期与灌浆前期受旱减产最严重。返青期缺水，影响秧苗活棵和分蘖；减数分裂期缺水，颖花大量退化，出穗延迟、结实率下降；抽穗期受旱，影响出穗，减产严重；灌浆期受旱，粒重下降而影响产量。水稻在返青期、减数分裂期、开花期对淹水最敏感，长期淹水会导致死苗、幼穗腐烂和结实率降低。

（3）光照要求

日照时数影响水稻品种分布和生产能力，双季稻区要求年日照时数大于1 400 h为宜。

3. 海拔

海拔的不同直接影响温度的变化，海拔每升高100 m，气温约下降0.6 ℃，从而影响水稻生育期和结实率。水稻种植主要分布在河谷地带，种植高度上限为海拔1 800～2 400 m。双季稻区适宜的海拔为50～500 m。

4. 土壤

水稻适宜的土壤应耕作层深厚、肥沃、蓄水性和爽水性良好。高产稻田要求土壤耕性良好：干耕不成块、阻力小，水耕软而不烂、深而不陷、土水融和；既有较坚实的犁底层，可以保水保肥，又有适当的渗漏性。

四、湖南水稻生产基地中长期布局建议

1. 水稻适宜性评价

湖南是我国水稻生产的主要产区，位于我国单双季稻作带，除小部分山区因条件限制种植单季水稻外，其余大部分地区均适宜种植双季水稻，湖南应当充分发挥水稻生产的自然资源条件优势，做到宜单则单，宜双则双，努力扩大双季稻种植面积，提高水稻生产产量整体水平，为确保国家粮食安全多作贡献。本次水稻适宜性评价选取的指标主要为双季稻适宜性因子筛选，其研究结果分区为双季稻最优区、双季稻优势区、单季稻优势区。

（1）指标选取与权重确定

综合考虑各县全年日平均气温≥10 ℃的活动积温、年日照时长数、年降水量、土壤条件、灾害性天气等因素，结合双季稻安全生产需要的因素条件，进行适宜性因子筛选。水稻适宜性评价选取的指标包括≥10 ℃的活动积温、9月中旬日平均气温、年日照时长数、年平均降水量、土壤类型、海拔 6 个因子作为双季稻适宜性评价指标，并通过德尔菲法与层次分析法得到各指标权重，各因素影响力比较：全年≥10 ℃的活动积温＞年日照时长数＞海拔＞9 月中旬日平均气温＞年平均降水量＞土壤类型。

（2）适宜等级划分

根据水稻生长生育期对各个指标条件的要求，将适宜等级划分为双季稻最优区、双季稻优势区、单季稻优势区 3 个等级，并分别赋分值为 100、80、60（见表 6-4）。

表 6-4　水稻适宜性评价指标、权重

指标	权重	双季稻最优区（100）	双季稻优势区（80）	单季稻优势区（60）
全年≥10 ℃的活动积温	0.382 6	≥5 100 ℃	4 600～5 100 ℃	<4 600 ℃
9 月中旬日平均气温	0.101 4	22～24 ℃	20～22 ℃，24～26 ℃	<20 ℃，>26 ℃
年日照时长数	0.281 4	1 600～1 800 h	1 400～1 600 h	<1 400 h，>1 800 h

续表

指标	权重	双季稻最优区（100）	双季稻优势区（80）	单季稻优势区（60）
年平均降水量	0.035 9	1 000～1 800 mm	800～1 000 mm	<800 mm，>1 800 mm
土壤类型	0.035 6	红壤、水稻土	黄壤、红黄壤土	沙土、紫色土
海拔	0.163 1	50～500 m	500～1 000 m	>1 000 m

（3）适宜性综合评价

采用加权指数求和法计算各评价单元综合分值，将水稻适宜性综合分值排序，评价全省水稻种植气象、海拔和土壤适宜性程度，划分为双季稻最优区和双季稻优势区、单季稻优势区 3 个级别：双季稻最优区，适宜度 $C \geqslant 90$；双季稻优势区，适宜度 $85 \leqslant C < 90$；单季稻优势区，适宜度 $80 < C < 85$。分值越高，越适合双季稻种植。水稻适宜性评价结果见表 6-5。

表 6-5　湖南水稻适宜性综合分值表

区域划分	适宜性评价综合分值区间	县（市、区）
双季稻最优区	适宜度 $C \geqslant 90$	望城区、宁乡市、浏阳市、长沙县、醴陵市、渌口区、攸县、茶陵县、炎陵县、湘乡市、湘潭县、韶山市、耒阳市、常宁市、衡阳县、衡南县、衡山县、衡东县、祁东县、南岳区、双峰县、新化县、永兴县、安仁县、苏仙区、嘉禾县、桂阳县、宜章县、临武县、鼎城区、津市市、安乡县、汉寿县、澧县、临澧县、桃源县、君山区、汨罗市、临湘市、华容县、湘阴县、岳阳县、平江县、南县、桃江县、资阳区、赫山区、沅江市、祁阳县、宁远县、新田县、东安县、江永县、江华县、双牌县、道县、零陵区、冷水滩区、邵东市、邵阳县、娄星区、涟源县、冷水江市
双季稻优势区	适宜度 $85 \leqslant C < 90$	中方县、沅陵县、溆浦县、辰溪县、洪江市、石门县、慈利县、永定区、安化县、资兴市、蓝山县、新邵县、洞口县、隆回县、武冈市、新宁县
单季稻优势区	适宜度 $80 < C < 85$	桂东县、汝城县、绥宁县、城步县、桑植县、会同县、麻阳县、新晃县、芷江县、靖州县、通道县、吉首市、泸溪县、凤凰县、花垣县、保靖县、古丈县、永顺县、龙山县

2. 水稻优势区域布局

(1) 双季稻最优区

将适宜性综合分值 $C \geqslant 90$ 的定为双季稻种植最优区，主要有望城区、宁乡市、攸县等 63 个县（市、区），主要分布在洞庭湖平原区、长衡丘陵盆地区、祁邵丘陵盆地区的部分县（市、区），这三大区域的土壤以水稻土和红壤为主，10 ℃以上的活动积温、年平均降水量、年日照时长数、海拔均适宜双季稻生长，应当充分发挥优良的自然资源条件，发展双季稻种植，提升早稻米质档次，水稻品种布局总的原则是：早熟或中熟早稻配迟熟晚稻。

洞庭湖平原双季稻区：包括鼎城区、津市市、君山区、汨罗市、资阳区等，共 19 个县（市、区）。

长衡丘陵盆地双季稻区：包括望城区、浏阳市、长沙县、宁乡市、醴陵市、渌口区、攸县等，共 22 个县（市、区）。

郴祁邵丘陵盆地双季稻区：位包括苏仙区、嘉禾县、桂阳县、冷水滩区、祁阳县、宁远县、新化县等，共 22 个县（市、区）。

(2) 双季稻优势区

将适宜性综合分值 $85 \leqslant C < 90$ 的定为双季稻种植优势区，主要分布在郴州市的资兴市，永州市的蓝山县，益阳市的安化县，邵阳市的新邵县、洞口县、隆回县、武冈市、新宁县，怀化市的中方县、沅陵县、溆浦县、辰溪县、洪江市，常德市的石门县，张家界市的慈利县、永定区，共 16 个县（市、区）。该区域的土壤以红壤、黄壤为主，$\geqslant 10$ ℃的活动积温、年平均降水量、年日照时数长均适宜双季稻生长，但部分区域海拔范围为 $300 \sim 500$ m 或 $500 \sim 800$ m，应当根据区域特点，选择合适水稻品种，发展双季稻种植，着力提升早稻米质档次，水稻品种以早、中熟品种为主，晚稻以迟熟品种为辅。

(3) 单季稻优势区

将适宜性综合分值 $80 < C < 85$ 的定为单季稻种植优势区，主要分布在雪

峰山区和武陵山区的部分县（市、区），包括郴州市的桂东县、汝城县，邵阳市的绥宁县、城步县，张家界的桑植县，怀化市的会同县、麻阳县、新晃县、芷江县、靖州县、通道县，湘西州的吉首市、泸溪县、凤凰县、花垣县、保靖县、古丈县、永顺县、龙山县，共 19 个县（市、区）。该区域的土壤以黄壤、紫色土和石灰土为主，10 ℃以上的活动积温和年平均降水量能基本满足双季稻生产，但部分区域年日照时长数和海拔在一定程度上限制了双季稻的安全生长，本区有明显的山地气候特点，年日照时长数全省最少，为 1 300～1 400 h，且山高坡陡、稻田分散、梯田多，水利建设差、提水条件不好，夏秋干旱常影响水稻生产，该区域应当根据区域特点择优发展单季高产优质稻，水稻品种选择原则：抗稻瘟病强的优质中稻品种。

第七章 湖南畜禽产业空间布局研究

一、湖南畜禽产业现状

1. 生产规模有降有增

近年来，受环保政策趋紧和非洲猪瘟疫情双重影响，生猪存、出栏量同比均有下降。2018 年全省生猪出栏 5 993.7 万头，较上年下降 2%；生猪存栏 3 822 万头，较上年下降 3.68%。牛、羊和家禽产业养殖则有所增长，全省牛出栏 152.7 万头，较上年增长 3.88%；羊出栏 911 万头，较上年增长 1.02%；家禽出笼 42 476.7 万羽，较上年增长 0.5%。2014—2018 年湖南畜禽生产情况见表 7-1。

表 7-1 2014—2018 年湖南畜禽生产情况

	2014 年	2015 年	2016 年	2017 年	2018 年
（一）产值/亿元	1 503.21	1 601.75	1 549.59	1 505.78	1 464.59
猪	996.49	1033.24	1108.30	1067.29	970.34
牛	64.88	70.13	57.98	62.36	64.73
羊	46.39	42.09	48.02	48.52	55.70
家禽	342.68	371.20	304.43	296.38	330.40
（二）出栏					
当年出栏猪/万头	6 220.30	6 077.23	5 990.82	6 116.30	5 993.70
当年出售和自宰牛/万头	161.40	168.50	143.35	147.00	152.70

续表

	2014 年	2015 年	2016 年	2017 年	2018 年
当年出售和自宰羊/万头	676.30	699.90	888.50	901.80	911.00
当年出售和自宰家禽/万羽	40 003.81	41 474.70	42 732.90	42 263.80	42 476.70
（三）存栏（笼）					
年末生猪头数/万头	4 188.30	4 079.40	3 936.63	3 968.10	3 822.00
年末牛存栏只数/万只	456.80	471.70	457.08	379.37	385.40
年末羊存栏只数/万只	529.00	546.10	529.17	661.71	668.30
家禽存笼/万羽	31 024.60	32 105.80	33 101.10	33 012.80	32 616.00
（四）当年肉类产量/万 t	546.46	538.2253	532.1098	541.34	539.91
猪肉	458.10	448.02	439.93	449.60	446.80
牛肉	18.90	19.88	16.93	17.00	17.90
羊肉	11.10	11.60	14.66	14.90	14.90
禽肉	55.91	5.80	59.99	59.20	59.70
（五）当年牛奶产量/万 t	9.30	9.70	6.37	6.05	6.20

注：数据来源于湖南省统计局历年内部资料。

生猪产业地位明显。2018 年全省实现养殖业产值 1 464.59 亿元，占农业总产值的 27.32%。生猪出栏量占全国总量的 9%，居全国第三位，生猪年人平出栏量居全国前列。猪肉年产量 446.8 万 t，占全省肉类总产量的 82.75%。全省进入全国排名 500 强的生猪调出大县 58 个，年出栏生猪 5 993.7 万头，占全省出栏总量的 80.48%；占全国调出大县总数约 10%，生猪出口量排全国第一。

2. 产业结构有待调整

2018 年全省畜禽业产值 1 464.59 亿元，其中生猪占 66.25%、家禽占 22.56%、牛占 4.42%、羊占 3.80%；肉类总产量 539.91 万 t，较上年下降 0.26%，其中猪肉占 82.75%、禽肉占 11.06%、牛肉占 3.32%、羊肉占 2.76%。全省养殖业"一猪独大"结构性矛盾依然突出。

3. 质量安全水平持续提升

覆盖省市县镇的四级动物疫病和质量安全管理体系逐步健全，检疫和检测机制更加完善，各种肉类质量安全水平持续提高。养殖和屠宰环节"生猪瘦肉精"监测合格率多年保持 100%，国家畜禽产品例行检测合格率都在 99% 以上。

4. 品牌化经营势头向好

湖南有生猪产业中国驰名商标 17 个，湖南著名商标 35 个。猪肉及制品有"唐人神""U 鲜""湘村""全一手"等叫得响品牌。其中，"唐人神"品牌价值 65 亿元，"湘村黑猪"品牌入选"中国自主品牌百佳"，"宁乡花猪"被评为全国"2017 百强农产品区域公用品牌"，三家品牌分别成为引进品种、培育品种和地方品种生猪产业开发一体化发展典范。另有浏阳黑山羊、马头山羊、湘西黄牛、石门土鸡、临武鸭、武冈铜鹅等优良品种。

5. 二十年来湖南畜禽产业布局变化情况

（1）畜禽生产向优势区集中

从湖南全省来看，2018 年肉类总产量在 40 万 t 以上的有永州、衡阳、邵阳、常德、岳阳、长沙、郴州 7 市，7 市的肉类总产量占全省的 66.98%（见表 7-2），基本形成了湖南肉类生产优势区。

表 7-2　1998 年、2008 年、2018 年湖南肉类生产情况

市（州）	1998		排位	市（州）	2008		排位	市（州）	2018		排位
	肉类总产量/万 t	占全省比重/%			肉类总产量/万 t	占全省比重/%			肉类总产量/万 t	占全省比重/%	
衡阳市	61.97	12.78	1	衡阳市	82.10	13.21	1	永州市	68.20	12.45	1
邵阳市	53.92	11.12	2	长沙市	68.16	10.97	2	衡阳市	63.54	11.60	2
永州市	51.32	10.58	3	邵阳市	66.77	10.74	3	邵阳市	59.93	10.94	3
常德市	49.56	10.22	4	永州市	65.55	10.55	4	常德市	51.58	9.41	4
岳阳市	44.38	9.15	5	常德市	58.56	9.42	5	岳阳市	42.43	7.74	5
长沙市	44.23	9.12	6	岳阳市	53.40	8.59	6	长沙市	41.24	7.53	6

续表

市（州）	1998			市（州）	2008			市（州）	2018		
	肉类总产量/万t	占全省比重/%	排位		肉类总产量/万t	占全省比重/%	排位		肉类总产量/万t	占全省比重/%	排位
郴州市	34.86	7.19	7	郴州市	43.37	6.98	7	郴州市	40.07	7.31	7
娄底市	28.82	5.94	8	湘潭市	38.31	6.16	8	怀化市	36.56	6.67	8
怀化市	28.20	5.81	9	益阳市	35.32	5.68	9	益阳市	35.03	6.39	9
湘潭市	25.04	5.16	10	娄底市	33.31	5.36	10	娄底市	30.85	5.63	10
株洲市	24.95	5.14	11	株洲市	31.78	5.11	11	株洲市	30.32	5.53	11
益阳市	21.26	4.38	12	怀化市	26.79	4.31	12	湘潭市	28.99	5.29	12
湘西州	9.04	1.86	13	湘西州	9.33	1.5	13	湘西州	10.69	1.95	13
张家界市	7.49	1.55	14	张家界	8.76	1.41	14	张家界	8.43	1.54	14

注：数据来源于湖南省统计局历年内部资料。

从畜禽分类来看，2018 年生猪出栏量在 400 万头以上的有永州、邵阳、衡阳、岳阳、郴州、常德、长沙 7 市，这 7 市的生猪出栏量占全省出栏总量的 66.32%（见表 7-3），形成了湖南生猪生产优势区。

牛出栏量在 10 万头以上的有永州、邵阳、怀化、常德、衡阳、娄底、岳阳 7 市，这 7 市的牛出栏量占全省出栏总量的 73.26%（见表 7-3），形成了湖南肉牛生产优势区。

表 7-3 2018 年湖南生猪、牛生产情况

市（州）	年末生猪出栏/万头	占全省比重/%	排位	市（州）	出售和自宰的牛/万头	占全省比重/%	排位
永州市	707.96	11.84	1	永州市	27.15	0.45	1
邵阳市	691.10	11.56	2	邵阳市	20.20	0.34	2
衡阳市	666.55	11.15	3	怀化市	16.33	0.27	3
岳阳市	510.43	8.54	4	常德市	14.63	0.24	4
郴州市	479.11	8.02	5	衡阳市	11.85	0.20	5
常德市	474.60	7.94	6	娄底市	11.82	0.20	6
长沙市	434.53	7.27	7	岳阳市	10.33	0.17	7
益阳市	387.44	6.48	8	郴州市	9.97	0.17	8

续表

市（州）	年末生猪出栏/万头	占全省比重/%	排位	市（州）	出售和自宰的牛/万头	占全省比重/%	排位
怀化市	369.57	6.18	9	益阳市	8.12	0.14	9
湘潭市	359.17	6.01	10	湘西州	6.36	0.11	10
株洲市	342.08	5.72	11	长沙市	6.08	0.10	11
娄底市	341.73	5.72	12	张家界市	4.41	0.07	12
湘西州	123.58	2.07	13	株洲市	3.87	0.06	13
张家界市	89.08	1.49	14	湘潭市	2.20	0.04	14

注：数据来源于湖南省统计局历年内部资料。

2018年羊出栏量在60万头以上的有常德、永州、衡阳、怀化、株洲、邵阳、长沙7市，这7市的羊出栏量占全省出栏总量的66.80%，其中常德市以178.7万头的出栏量遥遥领先于其他市（州），占全省的19.79%，见表7-4。

家禽出笼在3 000万羽以上的有常德、衡阳、永州、长沙、邵阳、怀化6市，这6市的家禽出笼量占全省出笼量的73.92%，其中常德市以近8 000万羽的出笼量领先于其他市（州），占全省的18.34%，见表7-4。

表7-4　2018年湖南羊、家禽生产情况

市（州）	出售和自宰的肉用羊/万头	占全省比重/%	排位	市（州）	出售和自宰的家禽/万羽	占全省比重/%	排位
常德市	178.70	19.79	1	常德市	7 925.88	18.34	1
永州市	93.61	10.37	2	衡阳市	6 881.40	15.93	2
衡阳市	71.73	7.94	3	永州市	6 027.66	13.95	3
怀化市	71.35	7.90	4	长沙市	4 011.59	9.28	4
株洲市	64.59	7.15	5	邵阳市	3 670.21	8.49	5
邵阳市	62.22	6.89	6	怀化市	3 426.21	7.93	6
长沙市	61.03	6.76	7	岳阳市	2 344.41	5.43	7
郴州市	56.69	6.28	8	郴州市	2 179.56	5.04	8
益阳市	52.53	5.82	9	益阳市	2 120.89	4.91	9
岳阳市	50.92	5.64	10	株洲市	1 560.96	3.61	10

续表

市（州）	出售和自宰的肉用羊/万头	占全省比重/%	排位	市（州）	出售和自宰的家禽/万羽	占全省比重/%	排位
湘西州	49.90	5.53	11	娄底市	1 464.63	3.39	11
娄底市	47.15	5.22	12	湘潭市	608.31	1.41	12
张家界市	29.42	3.26	13	湘西州	513.03	1.19	13
湘潭市	13.02	1.44	14	张家界市	472.34	1.09	14

注：数据来源于湖南省统计局历年内部资料。

（2）畜禽生产重县日益增多

从县（市、区）域来看，1998 年肉类总产量在 4 万 t 以上的有 51 个，2008 年有 59 个，2018 年则增加到 64 个，见表 7-5。

表 7-5 1998 年、2008 年、2018 年湖南肉类总产量前六十四位的县（市、区）分布

年份	产量排名前六十四位的县（市、区）
1998 年	长沙市：长沙县、宁乡市、浏阳市、望城区 株洲市：攸县、醴陵市、茶陵县、渌口区 湘潭市：湘潭县、湘乡市 岳阳市：汨罗市、湘阴县、平江县、岳阳县、华容县 常德市：桃源县、鼎城区、石门县、临澧县、澧县、汉寿县、安乡县 益阳市：沅江市、安化县、赫山区、桃江县、南县 永州市：祁阳县、道县、宁远县、零陵区、东安县、冷水滩区、江华县、蓝山县、新田县、江永县 衡阳市：衡阳县、衡南县、耒阳市、祁东县、衡东县、常宁市、衡山县 郴州市：永兴县、桂阳县、嘉禾县、安仁县、宜章县、资兴市 娄底市：冷水江市、涟源市、新化县 邵阳市：洞口县、隆回县、邵阳县、新邵县、绥宁县、邵东市、武冈市 怀化市：溆浦县、沅陵县、洪江市 张家界市：慈利县

续表

年份	产量排名前六十四位的县（市、区）
2008 年	长沙市：宁乡市、长沙县、浏阳市、望城区、岳麓区 株洲市：醴陵市、攸县、茶陵县、渌口区 湘潭市：湘潭县、湘乡市 岳阳市：汨罗市、岳阳县、平江县、华容县、湘阴县、汉寿县、临湘市 常德市：桃源县、澧县、石门县、鼎城区、临澧县、安乡县 益阳市：安化县、赫山区、桃江县、南县、沅江市 永州市：道县、祁阳市、冷水滩区、零陵区、宁远县、东安县、蓝山县、江华县、新田县、芷江县 衡阳市：衡阳县、衡南县、耒阳市、常宁市、祁东县、衡东县、衡山县 郴州市：桂阳县、永兴县、宜章县、嘉禾县、苏仙区、资兴市 娄底市：双峰县、新化县、涟源市 邵阳市：洞口县、武冈市、邵东市、隆回县、邵阳县、新邵县、新宁县 怀化市：溆浦县 张家界市：慈利县
2018 年	长沙市：宁乡市、浏阳市、长沙县、望城区 株洲市：醴陵市、攸县、茶陵县、渌口区 湘潭市：湘潭县、湘乡市、雨湖区 岳阳市：汨罗市、岳阳县、平江县、湘阴县、华容市、临湘市 常德市：桃源县、石门县、临澧县、澧县、鼎城区、汉寿县 益阳市：安化县、赫山区、南县、桃江县、沅江市、资阳区 永州市：宁远县、零陵区、道县、冷水滩区、东安县、江永县、江华县、蓝山县、新田县、芷江县 衡阳市：衡南县、衡阳县、耒阳市、祁阳市、祁东县、常宁市、衡东县、衡山县 郴州市：宜章县、桂阳县、资兴市、嘉禾县、永兴县 娄底市：新化县、双峰县、涟源市、新邵县、邵阳县 邵阳市：洞口县、武冈市、隆回县、邵东市、绥宁县 怀化市：溆浦县 张家界市：慈利县

注：数据来源于湖南省统计局历年内部资料。

　　从畜禽分类来看，生猪出栏量在 50 万头以上的有 63 个县（市、区）；出栏量在 100 万头以上的则有湘潭县、宁乡市、湘乡市、浏阳市、衡南县、汨罗市、衡阳县、洞口县、耒阳市、双峰县、醴陵市 11 个县（市、区），占全省生猪出栏的 22.48%，见表 7-6。

表7-6 2018年湖南各县（市、区）生猪出栏情况

县（市、区）	年末生猪出栏/万头	占全省比重/%	排位	县（市、区）	年末生猪出栏/万头	占全省比重/%	排位
湘潭县	143.08	2.39	1	衡东县	72.16	1.21	33
宁乡市	141.02	2.36	2	桂阳县	72.02	1.20	34
湘乡市	136.57	2.28	3	零陵区	71.45	1.20	35
浏阳市	132.88	2.22	4	宜章县	70.58	1.18	36
衡南县	125.01	2.09	5	茶陵县	70.35	1.18	37
汨罗市	121.22	2.03	6	江永县	67.81	1.13	38
衡阳县	116.32	1.95	7	澧县	67.30	1.13	39
洞口县	114.48	1.92	8	汉寿县	66.80	1.12	40
耒阳市	105.02	1.76	9	湘阴县	65.69	1.10	41
双峰县	105.00	1.76	10	石门县	65.32	1.09	42
醴陵市	103.06	1.72	11	嘉禾县	61.72	1.03	43
长沙县	98.62	1.65	12	江华县	61.70	1.03	44
新化县	98.46	1.65	13	南县	61.24	1.02	45
武冈市	95.87	1.60	14	资兴市	60.86	1.02	46
岳阳县	91.07	1.52	15	雨湖区	60.40	1.01	47
攸县	90.45	1.51	16	桃江县	60.03	1.00	48
祁阳市	89.18	1.49	17	鼎城区	59.45	0.99	49
平江县	87.41	1.46	18	资阳区	59.07	0.99	50
邵阳县	87.06	1.46	19	蓝山县	57.93	0.97	51
祁东县	85.26	1.43	20	绥宁县	56.80	0.95	52
邵东市	82.96	1.39	21	沅江市	56.78	0.95	53
涟源市	81.80	1.37	22	衡山县	56.50	0.95	54
溆浦县	80.87	1.35	23	临湘市	56.10	0.94	55
常宁市	80.84	1.35	24	临澧县	55.27	0.92	56
桃源县	80.19	1.34	25	华容区	55.24	0.92	57
新邵县	80.18	1.34	26	慈利县	54.47	0.91	58

续表

县（市、区）	年末生猪出栏/万头	占全省比重/%	排位	县（市、区）	年末生猪出栏/万头	占全省比重/%	排位
隆回县	79.38	1.33	27	渌口区	54.05	0.90	59
冷水滩区	78.50	1.31	28	望城区	53.34	0.89	60
安化县	76.98	1.29	29	东安县	53.24	0.89	61
宁远县	75.52	1.26	30	永兴县	52.24	0.87	62
道县	73.80	1.23	31	新田县	50.04	0.84	63
赫山区	73.34	1.23	32				

注：数据来源于湖南省统计局历年内部资料。

2018 年出售和自宰的牛在 1 万头以上的有道县、江永县、新晃县、新化县、涟源市、桃源县、石门县、宁乡市等 60 个县（市、区），见表 7-7。

表 7-7　2018 年湖南各县（市、区）牛出售和自宰情况

县（市、区）	出售和自宰的牛/万头	占全省比重/%	排位	县（市、区）	出售和自宰的牛/万头	占全省比重/%	排位
道县	6.27	4.11	1	浏阳市	1.78	1.17	31
江永县	5.48	3.59	2	桃江县	1.77	1.16	32
新晃县	4.92	3.22	3	常宁市	1.75	1.15	33
新化县	4.25	2.78	4	双峰县	1.75	1.15	34
涟源市	4.16	2.72	5	澧县	1.71	1.12	35
桃源县	3.91	2.56	6	永顺县	1.67	1.09	36
石门县	3.21	2.10	7	岳阳县	1.66	1.09	37
宁乡市	3.2	2.10	8	湘乡市	1.6	1.05	38
新宁县	3.17	2.08	9	茶陵县	1.55	1.02	39
江华县	3.12	2.04	10	资兴市	1.51	0.99	40
绥宁县	2.96	1.94	11	永兴县	1.48	0.97	41
耒阳市	2.75	1.80	12	冷水滩区	1.47	0.96	42
隆回县	2.54	1.66	13	蓝山县	1.45	0.95	43

续表

县（市、区）	出售和自宰的牛/万头	占全省比重/%	排位	县（市、区）	出售和自宰的牛/万头	占全省比重/%	排位
安化县	2.47	1.62	14	华容区	1.42	0.93	44
新邵县	2.4	1.57	15	宜章县	1.42	0.93	45
汨罗市	2.36	1.55	16	溆浦县	1.41	0.92	46
零陵区	2.34	1.53	17	靖州县	1.39	0.91	47
鼎城区	2.33	1.53	18	临澧县	1.34	0.88	48
洞口县	2.24	1.47	19	东安县	1.33	0.87	49
双牌县	2.19	1.43	20	攸县	1.32	0.86	50
武冈市	2.16	1.41	21	永定区	1.28	0.84	51
沅江市	2.15	1.41	22	汉寿县	1.27	0.83	52
慈利县	2.04	1.34	23	芷江县	1.23	0.81	53
邵阳县	2.01	1.32	24	通道县	1.17	0.77	54
平江县	2	1.31	25	冷水江市	1.11	0.73	55
湘阴县	1.93	1.26	26	城步县	1.1	0.72	56
宁远县	1.93	1.26	27	麻阳县	1.02	0.67	57
衡阳县	1.85	1.21	28	苏仙区	1.01	0.66	58
沅陵县	1.85	1.21	29	雁峰区	1	0.65	59
衡南县	1.79	1.17	30	花垣县	1	0.65	60

注：数据来源于湖南省统计局历年内部资料。

2018 年出售和自宰的羊在 1 万头以上的有桃源县、浏阳市、醴陵市、石门县、安化县、祁东县、平江县、澧县、双牌县等 35 个县（市、区），见表 7-8。

表 7-8　2018 年湖南各县（市、区）羊出售和自宰情况

县（市、区）	出售和自宰的肉用羊/万头	占全省比重/%	排位	县（市、区）	出售和自宰的肉用羊/万头	占全省比重/%	排位
桃源县	76.13	8.36	1	洞口县	12.35	1.36	19

续表

县（市、区）	出售和自宰的肉用羊/万头	占全省比重/%	排位	县（市、区）	出售和自宰的肉用羊/万头	占全省比重/%	排位
浏阳市	51.6	5.66	2	鼎城区	11.86	1.30	20
醴陵市	42.49	4.66	3	龙山县	11.8	1.30	21
石门县	42.47	4.66	4	岳阳县	11	1.21	22
安化县	33.84	3.71	5	会同县	10.96	1.20	23
祁东县	28.3	3.11	6	永顺县	10.23	1.12	24
平江县	26	2.85	7	保靖县	9.21	1.01	25
澧县	22.89	2.51	8	永兴县	8.59	0.94	26
双牌县	21.42	2.35	9	隆回县	8.51	0.93	27
涟源市	17.21	1.89	10	衡阳县	7.95	0.87	28
慈利县	16.36	1.80	11	临武县	7.5	0.82	29
临澧县	15.11	1.66	12	祁阳市	7.35	0.81	30
沅陵县	15.02	1.65	13	攸县	7.3	0.80	31
新化县	14.98	1.64	14	桂阳县	7.25	0.80	32
道县	14.51	1.59	15	新邵县	7.15	0.78	33
常宁市	14.45	1.59	16	零陵区	7.15	0.78	34
苏仙区	13.69	1.50	17	武冈市	7.03	0.77	35
江华县	13.61	1.49	18				

注：数据来源于湖南省统计局历年内部资料。

2018 年出售和自宰的家禽在 400 万羽以上的有宁乡市、桃源县、耒阳市、石门县、衡阳县、临澧县、鼎城区、衡南县等 34 个县（市、区），见表 7-9。

表 7-9 2018 年湖南各县（市、区）家禽出笼情况

县（市、区）	出售和自宰的家禽/万羽	占全省比重/%	排位	县（市、区）	出售和自宰的家禽/万羽	占全省比重/%	排位
宁乡市	2 860.50	6.73	1	东安县	666.91	1.57	18
桃源县	2 189.41	5.15	2	芷江县	578.87	1.36	19

续表

县（市、区）	出售和自宰的家禽/万羽	占全省比重/%	排位	县（市、区）	出售和自宰的家禽/万羽	占全省比重/%	排位
耒阳市	1 502.19	3.54	3	醴陵市	578.5	1.36	20
石门县	1 463.69	3.45	4	衡山县	560.23	1.32	21
衡阳县	1 395.50	3.29	5	祁东县	555.4	1.31	22
临澧县	1 393.27	3.28	6	洞口县	540.37	1.27	23
鼎城区	1 098.24	2.59	7	汉寿县	518.62	1.22	24
衡南县	1 077.95	2.54	8	武冈市	496.25	1.17	25
零陵区	993.01	2.34	9	溆浦县	493.15	1.16	26
常宁市	940.44	2.21	10	南县	490.89	1.16	27
祁阳市	904.14	2.13	11	隆回县	453.76	1.07	28
冷水滩区	810.77	1.91	12	新田县	453.02	1.07	29
道县	753.92	1.77	13	新化县	441.6	1.04	30
浏阳市	725.53	1.71	14	永兴县	423.43	1.00	31
宁远县	703.76	1.66	15	洪江市	415.52	0.98	32
澧县	703.25	1.66	16	攸县	415.02	0.98	33
衡东县	693.4	1.63	17	邵阳县	401	0.94	34

注：数据来源于湖南省统计局历年内部资料。

二、制约湖南畜禽产业健康发展的主要因素

当前，全省畜禽养殖业结构依然不合理，区域布局矛盾仍然突出，成为制约养殖业可持续发展的瓶颈。

一是资源约束紧。湖南地处中南腹地，土地资源短缺，饲料原料对外依存度高，洞庭湖区水网交错，武陵山区石漠化严重，加上受交通区位、水电配套、防疫屏障、生态红线、农村土地碎片化等影响，规模用地制约仍然是畜禽产业发展的最大瓶颈。

二是环境承载压力大。由于传统养殖习惯以及资源配置导向，全省水网地

区、长株潭城市群周边养殖量过度聚集，农牧结合不紧密和区域布局不合理等问题逐步显现，加剧了生产、生活、生态三者之间的矛盾。

三是养殖结构和规模养殖不合理。湖南养殖业"一猪独大"结构性矛盾依然突出，猪肉产量占肉类总产量的比重超过80%，家禽及草食动物发展不足，牛羊肉、乳制品等进口量大幅增长。此外畜禽养殖以中小散户为主，规模化养殖比重偏低，生猪规模化养殖46.6%、蛋鸡规模化养殖63.9%、肉鸡规模化养殖44.2%、肉牛规模化养殖18.3%、肉羊规模化养殖29.4%，在全国均处于中等靠后位置，给动物防疫、粪污治理、质量安全监管带来难度。

三、畜禽产业布局需要考虑的重要因素

1. 畜禽产业结构

畜禽产业结构调整要朝着环境友好、节约资源、产品安全与高效的现代化可持续方向发展。改变全省"一猪独大"结构性矛盾，加大草食性牧业、家禽产业和特种养殖力度。在品种上，调减常规品种，以供应高端、特色猪肉产品为发展方向。

2. 优势区域布局

根据湖南畜禽规模养殖"三区"划定方案，推进全省禁养区内畜禽养殖场（户）关闭或搬迁，以及适养区、限养区畜禽粪污处理设施的升级改造，规范畜禽养殖业的污染排放。

按照《湖南省"一县一特"主导特色产业发展指导目录》，全省布局14个特色畜禽产业县。

畜禽产业调整，是为了满足新型市场经济环境的需求，要考虑国内市场需求和外贸需求。

①生猪产业：由洞庭湖水网地区、长株潭城市群等高密度养殖区向湘西、湘南等承载力强的地区有序转移。

②草食牧业：优势集聚区总体上布局在草山草地资源、秸秆资源丰富的

县，以发展专业户、专业村、专业场为基础，以发展基地县、养畜区为重点。

③家禽产业：以湘佳牧业、三尖农牧、金晋农牧等具有强大示范带动和核心竞争力的养殖业龙头企业为辐射点，形成从北向南的优势产业带，以"多点布局、分场饲养"进行标准化适度规模养殖。

四、畜禽产业基地中长期布局建议

1. 生猪产业优势区域布局

全省生猪产业区域布局分为稳定发展区、约束发展区、创新发展区、潜力增长区，4个区域协同发展。

①稳定发展区。主要布局在大湘南区，包括衡阳市、永州市、郴州市、娄底市4市，集中在衡南县、衡阳县、衡山县、衡东县、耒阳市、祁东县等28个县（市、区）。该区当前养殖量大、调出量大，出栏密度中等，区位优势好，是传统生猪主产区。

②约束发展区。主要布局在环洞庭湖区及张家界市，包括岳阳县、华容县、湘阴县、汨罗市、平江县等23个县（市、区）。该区的洞庭湖生态经济圈，生猪产销量大，养殖量接近土壤承载能力上限，生态环境治理任务重；张家界市规划发展全域旅游，适养区域少。

③创新发展区。主要布局在长株潭地区，包括长沙市、株洲市、湘潭市3市，集中在长沙县、宁乡市、浏阳市、渌口区等10个县（市、区）。该区养殖密度大，养殖量已近饱和。既是生态绿心保护地区，资源环境趋紧，又是省会经济圈，中高端消费群体集聚，有屠宰加工龙头企业，品牌和外销出口基础好，产业链较为完整，适合率先推动产品结构调整和产业转型升级。

④潜力增长区。主要布局在大湘西区，包括邵阳市、怀化市、湘西州3市（州），集中在洞口县、武冈市、邵东市、邵阳县、隆回县等18个县（市、区）。该区环境和土地容量大，增长潜力大。

2. 草食牧业优势区域布局

草食牧业布局以发展专业户、专业村、专业场为基础，以发展基地县、养畜区为重点，形成草食动物优势产业区发展格局。其中：

①肉牛。肉牛养殖充分开发利用丘陵山区和南方草山草坡资源，保障基础生产能力，提高牛肉供应保障能力和质量安全水平。形成以大湘南区（永州市、郴州市、衡阳市 3 市）和大湘西区〔娄底市、邵阳市、怀化市、湘西州 4 市（州）〕及常德市为核心的地方品种的黑牛、黄牛、红牛及巫陵牛优势产区，主要布局在涟源市、新化县、双峰县、桃江县、安化县等 53 个县（市、区）。

②肉羊。肉羊实行生态饲养，鼓励放养或半放养模式，形成以长沙市、株洲市、常德市及张家界市为核心的地方品种的黑山羊、马头山羊、武陵山羊养殖区，主要布局在平江县、浏阳市、长沙县、醴陵市、攸县等 17 个县（市、区）。

③奶牛。构建以长株潭大中城市低温奶供应为主的城步县、鼎城区、汉寿县、江华县等奶牛养殖区。调整不适宜种植食用农产品的耕地用于种植高蛋白质饲料，主要为以长株潭地区为主的宁乡市、望城区、渌口区、湘乡市、湘潭县。加快发展全株青贮玉米及优质苜蓿高效生产，推动乳品企业建设奶源基地，加快奶业一体化发展。

3. 家禽产业优势区域布局

全省家禽以鸡、鸭养殖为主，其中形成了湘南湘中优质黄鸡、湘西雪峰乌骨鸡、湘北湘南专业化蛋鸡 3 个鸡养殖带，环洞庭湖区水禽及湘南临武鸭 2 个鸭养殖带。

①湘南湘中优质黄鸡养殖带。主要区域为湘潭市、衡阳市、永州市等 5 市，包括湘潭县、湘乡市、双峰县、新化县、涟源市、衡山县、衡南县、衡阳县、耒阳市、常宁市、衡东县、祁阳市、祁东县、零陵区、东安县、永兴县 16 个地方优质家禽基地县（市、区），主养湘黄鸡、东安鸡等地方优质黄羽肉鸡。

②湘西雪峰乌骨鸡养殖带。主要区域为怀化市、邵阳市 2 市，包括辰溪县、麻阳县、中方县、芷江县、新晃县、洞口县、武冈市、邵东市、新邵县、邵阳县、隆回县 11 个县（市、区）。

③湘北湘南蛋鸡养殖带。以湘北、湘南 2 个产业集聚区为主。其中湘北集聚区主要集中在常德市，包括桃源县、临澧县、澧县、汉寿县、安乡县、平江县、桃江县、安化县 8 个县，主养桃源鸡；湘南集聚区主要集中在郴州市、永州市，包括桂阳县、安仁县、东安县、零陵区等县（市、区）。

④环洞庭湖区水禽养殖带。主要分布在环洞庭湖区（常德市、益阳市、岳阳市 3 市）的桃源县、鼎城区、澧县、安乡县、临澧县、汉寿县、津市市、石门县、华容县、湘阴县、岳阳县、汨罗市、赫山区、南县、沅江市 15 个县（市、区），主养洞庭麻鸭等地方水禽。

⑤湘南临武鸭养殖带。主要分布在郴州市、永州市，包括临武县、嘉禾县、桂阳县、宜章县、新田县、道县、宁远县 7 个县（市、区）。

第八章　湖南蔬菜产业空间布局研究

一、湖南蔬菜产业现状

1. 产业规模不断壮大

种植规模稳中有增。自 2010 年湖南启动新一轮"菜篮子"工程建设以来，全省蔬菜产业步入快速发展期。2018 年蔬菜播种面积 $1\ 265 \times 10^3$ hm²，比 2009 年增加 201.3×10^3 hm²，年均增长 1.94%，居全国第八位；总产量 3 822.04万 t，比 2009 年增加 978.32 万 t，年均增长 3.33%，居全国第七位；总产值 1 036.8 亿元，比 2009 年增加 581.92 亿元，年均增长 9.59%。

表 8-1　2009—2018 年湖南蔬菜生产情况

年份	种植面积 /（×10³ hm²）	单产 /（kg/hm²）	总产量 /万 t	总产值 /万元	农业总产值 /万元	占农业总产值比例/%
2009	1 063.7	26 739	2 843.72	454.88	1 446.87	31.44
2010	1 133.1	27 560	3 122.93	712.03	2 059.55	34.57
2011	1 193.8	27 956	3 337.40	891.24	2 391.67	37.26
2012	1 239.2	28 091	3 480.91	1 044.27	2 651.69	39.38
2013	1 283.7	28 071	3 603.55	1 171.15	2 726.75	42.95
2014	1 330.0	28 298	3 763.51	1 243.09	2 884.73	43.09
2015	1 372.9	29 112	3 996.85	1 466.12	3 043.52	48.17
2016	1 420.0	29 534	4 196.40	914.35	2 485.49	36.79
2017	1 219.3	30 112	3 671.62	959.54	2 597.63	36.94
2018	1 265.0	30 216	3 822.04	1 036.80	2 664.30	38.91

注：数据来源于湖南省统计局历年内部资料。

2018 年，湖南蔬菜单产 30 216 kg/hm²，与全国蔬菜单产 35 070.14 kg/hm² 相比有较大差距。1998—2018 年，湖南蔬菜单产年均增长率 0.87%，低于 1% 的全国预期水平。目前湖南蔬菜主要加工产品有辣椒、藠头、黄花菜、萝卜、芥菜、生姜、豆角、百合、南瓜、大蒜、蘑芋、葛根、食用菌等 40 个以上品种。

2. 产品结构多样化

"十三五"期间全省加大调整蔬菜品种结构的步伐，呈现了多样化的蔬菜品种，全省生产和销售的蔬菜品种近 100 种，基本保证市场的周年均衡供应，实现了"淡季不淡、旺季不烂"。湖南蔬菜种植主要以叶菜类（大白菜、小白菜、甘蓝、菠菜、菜心、生菜等）、茄果类（辣椒、番茄、茄子等）、瓜果类（黄瓜、南瓜、冬瓜、苦瓜、丝瓜等）、薯芋类（土豆、红薯、芋头）、根菜类（萝卜）、葱蒜类等为主，占整个蔬菜种植的 80%。水果黄瓜、樱桃番茄、青花菜、芦笋、荷兰豆、彩椒等新奇特蔬菜种植面积不断扩大；荠菜、紫背菜、水芹菜、鸭脚板、枸杞苗、芦蒿等珍稀野生蔬菜明显增多；黄花菜、香芋、湘莲、芥菜、藠头、百合、葛根等地方传统特色产品种植稳中有升。总体来看，全省蔬菜种植结构逐步优化，日趋合理。

3. 质量安全水平不断提高

随着人们对农产品安全意识的增强和政府职能部门对蔬菜等农产品监管力度的加强，湖南大力推进无公害蔬菜生产，完善蔬菜质量监管体系，提升蔬菜无害化水平。采取有效措施杜绝使用高毒高残留农药。逐步推广蔬菜标准化生产和测土配方施肥。加强无公害蔬菜产地认定，无公害、绿色、有机蔬菜产品认证。全省共有部、省级监测检测中心 4 个，市级监测检测中心 14 个，蔬菜质量速测站（点）408 个，市场和生产基地检测室 325 个，形成了省、市、县一体化农残速测网络体系。

4. 品牌意识增强

全省蔬菜生产企业、专业合作社、家庭农场生产的蔬菜产品全面试行食用农产品合格证制度，为符合要求的农产品开具合格证，实行凭"证"入市、带"证"上市。组织开展"两品一标"认证工作，全省蔬菜产业"两品一标"有效认证总数逾 673 个，其中绿色食品 620 个、有机食品 20 个、农产品地理标志 33 个。先后培育了"湘江源蔬菜"公用品牌及"华容芥菜""祁东黄花菜""桃江竹笋"等特色蔬菜品牌。

5. 二十年来湖南蔬菜产业布局变化情况

随着蔬菜生产的逐步发展，以地方特色蔬菜和销售市场为主的区域蔬菜产业集群初步呈现，基本形成长株潭区（长沙市、湘潭市、株洲市）、洞庭湖区（岳阳市、常德市、益阳市）、大湘南区（永州市、郴州市、衡阳市）和大湘西区（湘西州、怀化市、邵阳市、娄底市、张家界市）的区域化布局。各区域呈现不同的生产格局，长株潭区面向城市消费市场，拓展都市休闲功能；洞庭湖区形成春夏瓜菜、秋冬叶菜、水生蔬菜产业集群；大湘南区利用"天然温室"的气候优势和区位优势，面向粤港澳大湾区，形成外销出口蔬菜产业集群；大湘西区的湘西州、怀化市、邵阳市突出"山"字特色，向省外供应夏秋高山蔬菜。

从表 8-2 可见，1998—2008 年大湘南区的蔬菜生产呈快速增长态势，平均增长 6.49％，长株潭区和洞庭湖区平均增长分别为 5.99％、5.76％，大湘西则是 3.95％。2008—2018 年，大湘西区、洞庭湖区快速发展，平均增长 3％以上，大湘南区和长株潭区增长缓慢，平均增长不到 2％。综合二十年的情况，洞庭湖区的增幅最大，达 4.61％。

表 8-2　1998 年、2008 年、2018 年湖南四大区域板块蔬菜生产情况

板块	1998 年播种面积/（×10³hm²）	2008 年播种面积/（×10³hm²）	2018 年播种面积/（×10³hm²）	1998—2008年平均增长率/％	2008—2018年平均增长率/％	1998—2018年平均增长率/％
长株潭	126.92	227.29	273	5.99	1.85	3.9
洞庭湖	126.59	221.53	312	5.76	3.48	4.61

续表

板块	1998年播种面积/(×10³ hm²)	2008年播种面积/(×10³ hm²)	2018年播种面积/(×10³ hm²)	1998—2008年平均增长率/%	2008—2018年平均增长率/%	1998—2018年平均增长率/%
大湘南	163.38	306.54	344	6.49	1.16	3.79
大湘西	168.06	247.54	335	3.95	3.07	3.51
合计	584.95	1 002.9	1 264			

注：数据来源于湖南省统计局历年内部资料。

"十三五"期间，湖南建立了40个国家级蔬菜产业重点县、80个省级蔬菜产业重点县。1998年全省蔬菜年播种面积在 4×10^3 hm² 及以上的县有64个，2008年有87个，2018年有94个。从1998—2008年排名前六十位的县（市、区）的分布变化来看（见表8-3），呈由较为分散到区域集中连片的趋势，主要分为两大块，一块以长株潭城市群及岳阳市、益阳市几个县（市、区），区域集中连片；另一块以永州市的几个县（市、区）为重点，以及衡阳市的祁东县，区域集中连片。在1998年、2008年、2018年3个年度中，蔬菜播种面积均居前六十位的县（市、区）有43个，即宁乡市、浏阳市、长沙县、望城区、醴陵市、攸县、渌口区、湘潭县、华容县、汨罗市、平江县、岳阳县、汉寿县、鼎城区、澧县、桃源县、石门县、南县、资阳区、赫山区、沅江市、东安县、零陵区、江华县、道县、新田县、宁远县、冷水滩区、祁阳市、桂阳县、北湖区、耒阳市、祁东县、隆回县、洞口县、邵阳县、武冈市、邵东市、涟源市、沅陵县、凤凰县、慈利县、永定区。

表 8-3　1998 年、2008 年、2018 年湖南蔬菜年播种面积前六十位的县（市、区）分布

年份	播种面积排名前六十位的县（市、区）
1998 年	长沙市：浏阳市、宁乡市、长沙县、望城区 株洲市：攸县、渌口区、醴陵市 湘潭市：湘乡市、湘潭县 岳阳市：华容县、汨罗市、平江县、岳阳县、临湘市 常德市：汉寿县、鼎城区、澧县、桃源县、石门县、桃江县、武陵区 益阳市：南县、资阳区、赫山区、安化县、沅江市 衡阳市：衡东县、衡阳县、耒阳市、衡南县、常宁市、祁东县 永州市：道县、东安县、零陵区、江华县、新田县、宁远县、冷水滩区、祁阳市 郴州市：北湖区、桂阳县 邵阳市：隆回县、洞口县、邵阳县、邵东市、武冈市 娄底市：涟源市、冷水江市、新化县 怀化市：沅陵县、洪江市、辰溪县、芷江县、溆浦县 湘西州：慈利县、永定区 张家界市：龙山县、泸溪县、凤凰县
2008 年	长沙市：宁乡市、浏阳市、长沙县、望城区、岳麓区 株洲市：攸县、渌口区、醴陵市 湘潭市：湘乡市、湘潭县 岳阳市：华容县、汨罗市、湘阴县、岳阳县、平江县 常德市：鼎城区、汉寿县、澧县、桃源县、石门县 益阳市：赫山区、桃江县、沅江市、南县、资阳区 衡阳市：耒阳市、衡东县、衡南县、祁东县、衡阳县 永州市：零陵区、祁阳市、东安县、江永县、道县、冷水滩区、宁远县、新田县、江华县 郴州市：宜章县、桂阳县、资兴市、北湖区、永兴县 邵阳市：隆回县、洞口县、邵阳县、邵东市、武冈市 娄底市：双峰县、安化县、涟源市 怀化市：沅陵县、辰溪县、芷江县 湘西州：慈利县、永定区 张家界市：凤凰县、龙山县、永顺县

续表

年份	播种面积排名前六十位的县（市、区）
2018 年	长沙市：宁乡市、浏阳市、望城区、长沙县 株洲市：攸县、湘乡市、醴陵市、渌口区 湘潭市：湘潭县 岳阳市：华容县、岳阳县、汨罗市、平江县、湘阴县 常德市：鼎城区、汉寿县、澧县、桃源县、石门县、安乡县、临澧县 益阳市：南县、沅江市、桃江县、赫山区、资阳区、安化县 衡阳市：祁东县、耒阳市 永州市：道县、零陵区、祁阳市、东安县、江永县、冷水滩区、新田县、宁远县、江华县 郴州市：北湖区、永兴县、桂阳县、宜章县、资兴市、汝城县 邵阳市：隆回县、洞口县、邵东市、邵阳县、绥宁县、新邵县、武冈市 娄底市：双峰县、新化县、涟源市 怀化市：沅陵县 湘西州：永定区、慈利县 张家界市：桑植县、凤凰县、永顺县

注：数据来源于湖南省统计局历年内部资料。

二、制约湖南蔬菜产业健康发展的主要因素

1. 蔬菜生产按地理位置布局，造成产业结构趋同化

长期以来蔬菜生产一直按地理位置布局，促进了蔬菜生产的发展，但也存在一定的问题，同一纬度地区的蔬菜品种同质化严重，经常出现区域性、季节性和结构性过剩或不足，上市期相近导致相互竞争，各地独特的气候和品种资源优势得不到充分发挥。

2. 市场信息不灵、流通不畅

市场发育程度、流通秩序和信息服务不完善、不健全，导致信息不灵、渠道不畅，盲目引进、跟风种植，缺乏科学合理的布局，各个区域的资源比较优势未能充分显现，从而造成严重的资源浪费。

3. 布局分散，未形成规模化

目前，全省蔬菜生产主体多而分散，有企业、种植大户、分散农户，种植

规模大小不一，存在资金和技术的投入、品种改良、新技术改造、产后处理等一系列配套问题，都无法规模化种植，造成产品品质不高、产销不畅等结果，最终影响整个产业的发展。

三、蔬菜产业基地布局需要考虑的主要因素

蔬菜按农业生物学分类可分为根菜类、白菜类、甘蓝类、芥菜类、茄果类等 13 类蔬菜，本研究课题主要介绍湖南种植较为普遍的 3 类蔬菜。

1. 气象条件

①茄果类。喜温暖，不耐霜。生长适宜温度为 22～28 ℃，耐热性以茄子较强，辣椒次之，番茄再次，夜温低于 15 ℃或高于 25 ℃易落花落果。对光周期要求不严格，为中光性植物。

②瓜类蔬菜。整个生长期要求较高的温度，不耐低温，畏霜冻。

③绿叶蔬菜。根据绿叶蔬菜对环境条件的要求，可分为两大类：一类要求冷凉的气候，较耐寒，如菠菜、茼蒿、芹菜、芫荽、莴苣、苦菜、菊苣、冬寒菜、荠菜等，生长适宜温度 15～20 ℃；另一类喜温暖，如苋菜、蕹菜、紫苏、紫背天葵等，生长适宜温度 20～25 ℃，10 ℃以下停止生长。

2. 土壤条件

①茄果类。适宜富含有机质的壤土、沙壤土，pH 范围 5.2～7.3 较好。

②瓜类蔬菜。适宜在中性沙壤和黏壤土中生长，不耐酸碱。

③绿叶蔬菜。适于中性肥沃的沙壤土或黏壤土。

3. 地理区位条件

根据各地市（州）地理区位条件，对应不同的销售群体和市场进行优化布局。

4. 产业特色

全国蔬菜产业规划确定了全省 40 个国家级蔬菜基地重点县；根据《湖南省"一县一特"主导特色产业发展指导目录》，全省布局 32 个特色蔬菜产业县。

四、蔬菜产业基地中长期布局建议

1. 适宜性评价

（1）指标选取与权重确定

综合考虑各县全年平均温度、全年温度范围、≥10 ℃的积温、年均降水量、土壤条件、灾害性天气等因素，结合蔬菜生物学特性，进行适宜性因子筛选。蔬菜适宜性评价选取的指标包括全年温度范围、≥10 ℃的积温、年平均降水量、空气湿度、海拔、土壤类型 6 个因子，结合德尔菲法和层次分析法建立层次结构模型，构造相应的权重判断矩阵，最后得到湖南蔬菜适宜性评价因子层次结构以及评价因子的权重体系。

（2）适宜等级划分

根据蔬菜生长期对各指标条件的要求，将适宜等级划分为最优区、优势区、其他 3 个等级，并分别赋分值为 100、80、60（见表 8-4）。

表 8-4　蔬菜适宜性评价指标、权重

指标	权重	最优区（100）	优势区（80）	其他（60）
全年温度范围	0.205 6	20～28 ℃	18～20 ℃，28～35 ℃	11～17 ℃
≥10 ℃的积温	0.261 3	2 700～3 000 ℃	2 500～2 700 ℃	<2 500 ℃
年平均降水量	0.139 0	1 400～1 500 mm	1 000～1 400 mm	<1 000 mm
空气湿度	0.099 9	80%～90%	60%～80%	<50%
海拔	0.176 5	<500 m	500～1 200 m	1 200～1 600 m
土壤类型	0.117 6	壤土	沙壤土	黏土

（3）适宜性综合评价

采用加权指数求和法计算各评价单元综合分值，将蔬菜适宜性综合分值排序，评价全省蔬菜种植气象、海拔和土壤适宜性程度，划分最优区、优势区 2 个级别：最优区，茄果类蔬菜适宜度 $C \geq 87$，瓜类蔬菜适宜度 $C \geq 93$，叶类蔬菜适宜度 $C \geq 93$；优势区，茄果类蔬菜适宜度 $85 \leq C < 87$，瓜类蔬菜适宜度

91≤C＜93，叶类蔬菜适宜度 91≤C＜93。分值越高，蔬菜种植区域适宜性程度越高。各类蔬菜适宜性评价结果见表 8-5—表 8-7。

表 8-5　茄果类蔬菜适宜性评价结果

分区	综合分值	县（市、区）
最优区	C≥87	望城区、桃源县、雨湖区、渌口区、荷塘区、衡南县、攸县、衡东县、临武县、桃江县、绥宁县、醴陵市、道县、汉寿县、鼎城区、资阳区、芦松区、天元区、耒阳市、宁远县、江华县、蓝山县、宜章县、沅江市、赫山区、浏阳市、湘乡市、双峰县、辰溪县、宁乡市、长沙县、常宁市、江永县、凤凰县、武冈市、隆回县、泸溪县、溆浦县、祁阳市、新田县、嘉禾县、洞口县、汝城县、平江县
优势区	85≤C＜87	安乡县、南县、汨罗市、澧县、岳塘区、湘潭县、北湖区、苏仙区、零陵区、冷水滩区、衡阳县、南岳区、衡山县、祁东县、珠晖区、雁峰区、石鼓区、蒸湘区、茶陵县、永兴县、安仁县、临澧县、华容县、武陵区、临湘市、津市市、新宁县、涟源市、云溪区、君山区、岳阳县、湘阴县、麻阳县、桂阳县、炎陵县、双牌县、东安县、鹤城区、中方县、靖州县、资兴市、永定区、花垣县、通道县、永顺县、龙山县、城步县、保靖县

表 8-6　瓜类蔬菜适宜性评价结果

分区	综合分值	县（市、区）
最优区	C≥93	桃源县、望城区、资阳区、赫山区、浏阳市、长沙县、渌口区、荷塘区、芦松区、天元区、北湖区、苏仙区、鹤城区、中方县、桃江县、临澧县、澧县、津市市、洪江市、永兴县、醴陵市、宁远县、道县、安乡县、南县、华容县、汉寿县、武陵区、鼎城区、君山区、湘阴县、双牌县、雨湖区、岳塘区、湘潭县、江华县、蓝山县、江永县、耒阳市、沅江市
优势区	91≤C＜93	溆浦县、临武县、平江县、炎陵县、石峰区、攸县、零陵区、桂东县、冷水滩区、东安县、花垣县、吉首市、沅陵县、嘉禾县、辰溪县、麻阳县、临湘市、新化县、安仁县、新田县、涟源市、双峰县、娄星区、云溪区、岳阳县、新邵县、双清区、大祥区、北塔区、湘乡市、衡南县、祁东县、衡东县、衡阳县、珠晖区、雁峰区、蒸湘区、茶陵县、泸溪县、隆回县、汨罗市、祁阳市

表 8-7 叶类蔬菜适宜性评价结果

分区	综合分值	县（市、区）
最优区	$C \geqslant 93$	安乡县、南县、临武县、望城区、资阳区、赫山区、长沙县、渌口区、荷塘区、芦松区、天元区、北湖区、苏仙区、攸县、吉首市、鹤城区、中方县、桃江县、麻阳县、临湘市、醴陵市、江永县、宁远县、道县、华容县、汉寿县、武陵区、鼎城区、云溪区、君山区、岳阳县、双牌县、雨湖区、岳塘区、湘潭县、珠晖区、雁峰区、石鼓区、蒸湘区、凤凰县、江华县、蓝山县、宁乡市、永定区、沅江市
优势区	$91 \leqslant C < 93$	桃源县、溆浦县、平江县、浏阳市、桂阳县、炎陵县、零陵区、冷水滩区、花垣县、临澧县、澧县、津市市、洪江市、辰溪县、永兴县、安仁县、新田县、桂东县、桑植县、汝城县、嘉禾县、涟源市、新宁县、双峰县、湘阴县、双清区、大祥区、北塔区、湘乡市、衡南县、祁东县、南岳区、衡山县、衡阳县、茶陵县、洞口县、绥宁县、邵东市、隆回县、汨罗市、龙山县、保靖县、永顺县、城步县

2. 优势区域布局

通过各类蔬菜的适宜性评价结果来看，湖南全省范围内均适合蔬菜生长。蔬菜生产结构与区域布局调整要以保障蔬菜供应充足、安全，提高蔬菜产业竞争力和促进农民增收为根本，综合考虑资源禀赋、技术条件、市场区位、生产规模、产业基础及布局指向等方面因素，兼顾相对集中连片原则，结合蔬菜生产现状、市场前景与未来产业发展变化趋势，确定未来蔬菜生产区域布局与结构优化总体构想。

（1）茄果类蔬菜优势区域布局

①最优区。主要布局在望城区、桃源县、雨湖区、渌口区、荷塘区等44个县（市、区）。

②优势区。主要布局在安乡县、南县、汨罗市、澧县、岳塘区、湘潭县等48个县（市、区）。

（2）瓜类蔬菜优势区域布局

①最优区。主要布局在桃源县、望城区、资阳区、赫山区、浏阳市、长沙

县等 40 个县（市、区）。

②优势区。主要布局在溆浦县、临武县、平江县、炎陵县、桂东县、石峰区等 42 个县（市、区）。

（3）叶类蔬菜优势区域布局

①最优区。主要布局在安乡县、南县、临武县、望城区、资阳区、赫山区等 45 个县（市、区）。

②优势区。主要布局在桃源县、溆浦县、平江县、浏阳市、桂阳县、炎陵县等 44 个县（市、区）。

第九章 湖南水果产业空间布局研究

一、湖南水果产业现状

1. 规模逐年增加,品质不断提高

近年来,湖南着力发展优势水果和特色水果,种植结构得到进一步优化。除柑橘外,猕猴桃、桃、梨、葡萄等名优特时鲜水果种植面积和产量也在不断增加(见图9-1、图9-2)。在面积和产量不断增加的同时,随着一些高产优质栽培技术的研发和推广,水果品质也同时得到明显提高。

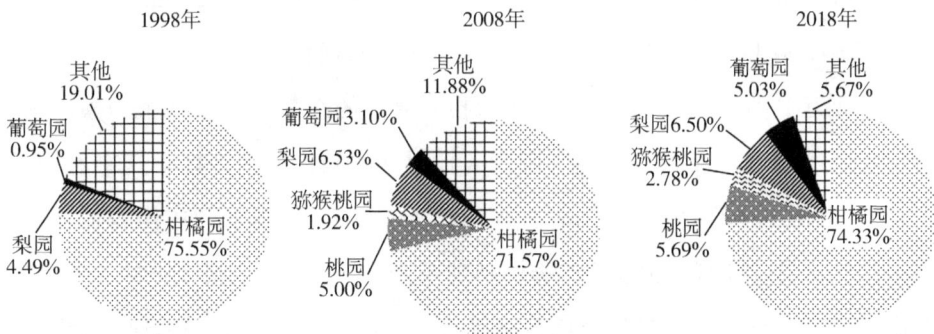

图 9-1 1998 年、2008 年、2018 年湖南主要水果种植规模

注:数据来源于湖南省统计局历年内部资料。

2. 种类丰富,区域特色突出,优势明显

湖南水果产业形成了以柑橘、梨、桃、猕猴桃、葡萄等水果为主体的种类

图 9-2 1998 年、2008 年、2018 年湖南主要水果产量

注：数据来源于湖南省统计局历年内部资料。

结构，种类丰富，且布局上具有一定的区域特色。如石门县、资兴市和洞口县以温州蜜柑为主，其中石门县 2018 年种植面积 20.66×10^3 hm^2，产量达 38.86 万 t。椪柑主要分布在泸溪县，2018 年种植面积 14.36×10^3 hm^2，产量达 18.42 万 t。新宁县崀丰脐橙，宜章县、道县的纽荷尔脐橙种植规模较大。麻阳县、洪江市、永兴县等县（市、区）则是冰糖橙的主产区，其中麻阳县 2018 年种植面积 21.40×10^3 hm^2，产量达 44.33 万 t。享有"中国香柚之乡"美誉的江永县，拥有集中成片的香柚基地 7.05×10^3 hm^2。安江香柚主要分布在洪江市。菊花芯柚主要分布在张家界市。炎陵县的黄桃发展迅速，2018 年种植面积达到了 3.40×10^3 hm^2，产量 25 234 t。溆浦县和芷江的颐红脆蜜桃种植面积和产量分别达到了 0.2×10^3 hm^2、1.19×10^3 hm^2，1 634 t 和 4 200 t。蓝山县近十年来梨产业快速发展，2018 年种植面积 1.85×10^3 hm^2，产量达 19 810 t。湘西州则以猕猴桃为主，规模大、产量高、品质好。设施葡萄以澧县为主，2018 年种植面积 1.46×10^3 hm^2，产量 25 078 t。与其他省份相比，湖南水果地方特色明显，从而展示了湖南水果的优势。

3.柑橘产业一枝独秀

湖南是全国柑橘生产大省，2005 年以来，湖南柑橘产业稳步发展，柑橘种植面积和产量约占全省水果种植面积和产量的 75%。橘园面积由 2005 年的 296.23×10^3 hm² 发展到 2018 年的 384.26×10^3 hm²，总产量由 2005 年的 212.02 万 t 发展到 2018 年的 528.57 万 t（见图 9-3）。2018 年柑橘种植面积和产量均居全国第二位，占全国柑橘种植面积和产量的 11.02%、12.77%。

虽然近两年全省柑橘种植面积有所减少，但产量总体呈稳步增长趋势。目前，全省柑橘已基本形成了规模化、商品化种植，柑橘产业已成为湖南农产品加工产业中广泛利用荒山荒地种植、效益较好、出口潜力大、产业链条长、受益农户多的生态产业。

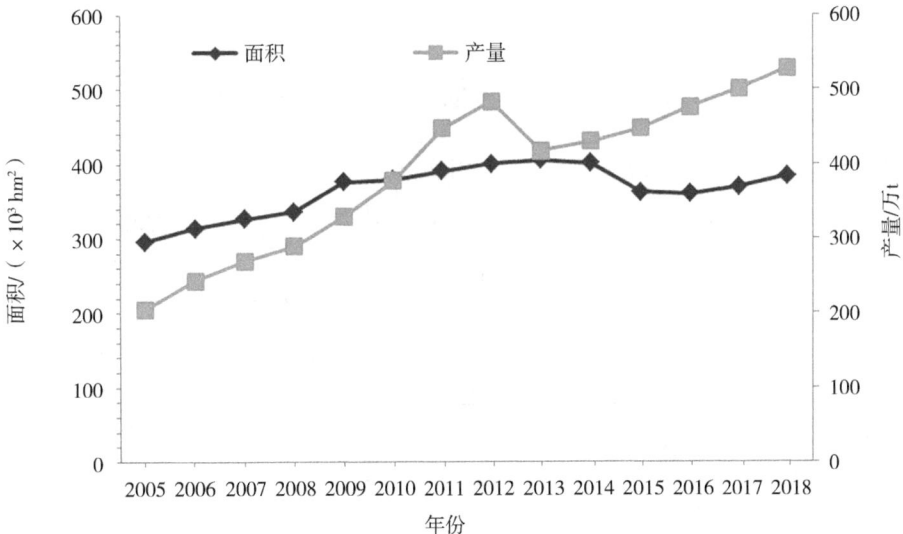

图 9-3 2005—2018 年湖南柑橘种植规模与产量

注：数据来源于湖南省统计局历年内部资料。

从品质上来看，通过在省内柑橘主产区推广柑橘标准园建设，加快对老橘园的改造，以及积极引进优、新柑橘品种，全省柑橘品质得到显著提升，优良柑橘品种逐步增多。1990 年以前，湖南柑橘主要以宽皮柑橘为主，成熟期90％以上集中在 11、12 月，且柑橘果实品质不乐观。2010 年以后，温州蜜柑、椪柑、冰糖橙、脐橙、柚子成为湖南柑橘的五大主导品种，占柑橘种植总面积的 90％以上，柑橘成熟期也延长为 9—12 月。

4. 二十年来湖南水果产业布局变化情况

二十年来，全省水果产业结构不断变化，逐步向优势区域集中。从各市（州）来看，主要集中在湘西和湘北地区。2018 年排前五位的市（州）为怀化市、常德市、永州市、湘西州、邵阳市，总果园面积占全省的比重超过 70％（见表 9-1、图 9-4）。从 1998 年至 2018 年益阳市水果种植面积增长最快，从 7.42×10^3 hm² 增长到 17.92×10^3 hm²，年均增长 4.29％；怀化市水果种植面积增加最多，从 1998 年的 50.81×10^3 hm² 增长到 2018 年的 96.55×10^3 hm²，增加了 45.74×10^3 hm²。

表 9-1 2018 年湖南各市（州）果园面积情况

市（州）名称	面积/（$\times 10^3$ hm²）	占全省比重/％	排位	1998—2018 年均增长率/％
怀化市	96.55	18.68	1	3.10
常德市	71.01	13.73	2	2.86
永州市	69.09	13.37	3	1.28
湘西州	68.18	13.19	4	3.73
邵阳市	58.98	11.41	5	3.99
郴州市	47.59	9.21	6	3.94
张家界市	21.41	4.14	7	1.81
株洲市	18.01	3.48	8	1.31
益阳市	17.92	3.47	9	4.29
长沙市	15.24	2.95	10	1.71
岳阳市	15.01	2.90	11	−0.98

续表

市（州）名称	面积/（×10³ hm²）	占全省比重/%	排位	1998—2018 年均增长率/%
衡阳市	9.98	1.93	12	−3.53
娄底市	6.81	1.32	13	−1.25
湘潭市	1.21	0.23	14	−3.92

注：数据来源于湖南省统计局历年内部资料。

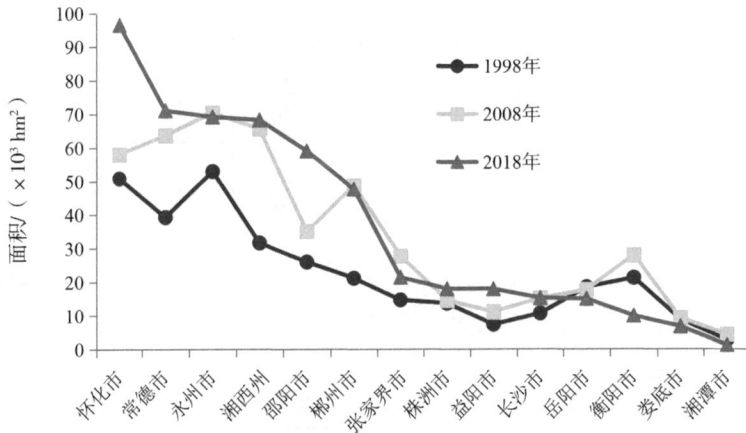

图 9-4 1998 年、2008 年、2018 年湖南各市（州）果园面积变化情况

注：数据来源于湖南省统计局历年内部资料。

从县域来看，2018 年全省 122 个县（市、区）中，全部都有水果，其中 10×10³ hm² 以上的生产大县（市、区）14 个，排在前四位的麻阳县、洪江市、石门县、新宁县果园面积分别为 23.63×10³ hm²、21.45×10³ hm²、20.83×10³ hm²、20.30×10³ hm²（详见表 9-2）。

表 9-2 2018 年湖南水果生产情况

县（市、区）	果园面积/（×10³ hm²）	排名	县（市、区）	果园面积/（×10³ hm²）	排名
麻阳县	23.63	1	临澧县	8.40	18
洪江市	21.45	2	宁远县	8.32	19

续表

县（市、区）	果园面积/（×10³ hm²）	排名	县（市、区）	果园面积/（×10³ hm²）	排名
石门县	20.83	3	凤凰县	8.28	20
新宁县	20.30	4	辰溪县	7.81	21
桃源县	18.97	5	龙山县	7.55	22
宜章县	18.84	6	溆浦县	7.43	23
芷江县	18.57	7	武冈市	7.41	24
泸溪县	14.62	8	吉首市	7.19	25
慈利县	13.52	9	芝山区	6.84	26
祁阳市	12.33	10	中方县	6.72	27
永顺县	12.03	11	资兴市	5.91	28
江永县	10.92	12	永定区	5.87	29
道县	10.57	13	花垣县	5.52	30
澧县	10.31	14	沅江市	5.25	31
保靖县	9.82	15	岳阳县	5.12	32
洞口县	9.28	16	邵东市	5.10	33
永兴县	8.60	17	炎陵县	4.98	34

注：数据来源于湖南省统计局历年内部资料。

从湖南时鲜水果整体分布情况来看，主要集中在湘西、湘北、湘南地区，历年来种植面积稳居前二十的县（市、区）是：桃源县、石门县、祁阳市、江永县、洪江市、慈利县、东安县、吉首市、宁远县、道县、永顺县、保靖县、泸溪县。

5. 2018 年各类水果生产情况

2018 年柑橘、猕猴桃、桃、梨、葡萄等水果生产情况见表 9-3—表 9-7。

①柑橘主要集中在湘西、湘北地区，主产县（市、区）包括麻阳县、石门县、新宁县、洪江市、桃源县和永兴县等。

②猕猴桃主要集中在湘西，主产县（市、区）包括永顺县、凤凰县、溆浦县等。

③桃在主要集中在湘西、湘东地区，并在省内广泛分布，主产县（市、区）包括炎陵县、辰溪县等。

④梨主要集中在湘西、湘南和长株潭地区，主产县（市、区）包括花垣县、宜章县、蓝山县、浏阳市、洪江市、隆回县、新邵县、中方县、邵阳县、资兴市等。

⑤葡萄主要集中在湘北、湘西以及长株潭地区，主产县（市、区）包括芷江县、澧县、中方县等。

表9-3　2018年湖南橘园生产情况

县（市、区）	橘园面积/（×10³ hm²）	排名	县（市、区）	橘园面积/（×10³ hm²）	排名
麻阳县	21.40	1	澧县	8.69	11
石门县	20.66	2	保靖县	8.17	12
新宁县	19.55	3	祁阳市	7.96	13
洪江市	18.66	4	道县	7.43	14
桃源县	17.90	5	永顺县	7.27	15
永兴县	17.75	6	临澧县	7.14	16
泸溪县	14.36	7	江永县	7.05	17
芷江县	14.17	8	龙山县	6.66	18
慈利县	13.17	9	武冈市	6.38	19
洞口县	8.87	10	吉首市	6.04	20

注：数据来源于湖南省统计局历年内部资料。

表9-4　2018年湖南猕猴桃园生产情况

县（市、区）	猕猴桃园面积/（×10³ hm²）	排名	县（市、区）	猕猴桃园面积/（×10³ hm²）	排名
永顺县	3.39	1	绥宁县	0.32	11
凤凰县	1.42	2	平江县	0.28	12
溆浦县	1.10	3	会同县	0.25	13
芷江县	0.90	4	古丈县	0.20	14

续表

县（市、区）	猕猴桃园面积/（×10³ hm²）	排名	县（市、区）	猕猴桃园面积/（×10³ hm²）	排名
保靖县	0.73	5	醴陵市	0.20	15
花垣县	0.61	6	双牌县	0.20	16
吉首市	0.52	7	新化县	0.20	17
中方县	0.49	8	麻阳县	0.19	18
洪江市	0.37	9	临澧县	0.18	19
新邵县	0.36	10	桑植县	0.18	20

注：数据来源于湖南省统计局历年内部资料。

表 9-5　2018 年湖南桃园生产情况

县（市、区）	桃园面积/（×10³ hm²）	排名	县（市、区）	桃园面积/（×10³ hm²）	排名
炎陵县	3.4	1	宁远县	0.59	11
辰溪县	2.39	2	永定区	0.58	12
浏阳市	1.21	3	岳阳县	0.57	13
芷江县	1.19	4	祁阳市	0.54	14
临澧县	0.78	5	花垣县	0.54	15
桃源县	0.77	6	涟源市	0.54	16
麻阳县	0.75	7	绥宁县	0.52	17
中方县	0.69	8	长沙县	0.45	18
平江县	0.67	9	嘉禾县	0.44	19
永顺县	0.62	10	新化县	0.42	20

注：数据来源于湖南省统计局历年内部资料。

表 9-6　2018 年湖南梨园生产情况

县（市、区）	梨园面积/（×10³ hm²）	排名	县（市、区）	梨园面积/（×10³ hm²）	排名
花垣县	2.25	1	溆浦县	0.81	11
宜章县	1.91	2	麻阳县	0.74	12

续表

县（市、区）	梨园面积/（×10³ hm²）	排名	县（市、区）	梨园面积/（×10³ hm²）	排名
蓝山县	1.85	3	芷江县	0.73	13
浏阳市	1.38	4	岳阳楼区	0.64	14
洪江市	1.31	5	凤凰县	0.62	15
隆回县	1.07	6	涟源市	0.61	16
新邵县	1.02	7	桃江县	0.57	17
中方县	1.01	8	赫山区	0.52	18
邵阳县	0.96	9	永顺县	0.51	19
资兴市	0.94	10	江华县	0.50	20

注：数据来源于湖南省统计局历年内部资料。

表 9-7 2018 年湖南葡萄园生产情况

县（市、区）	葡萄园面积/（×10³ hm²）	排名	县（市、区）	葡萄园面积/（×10³ hm²）	排名
芷江县	1.57	1	长沙县	0.53	11
澧县	1.46	2	涟源市	0.52	12
中方县	1.44	3	珠晖区	0.52	13
苏仙区	1.08	4	浏阳市	0.51	14
宜章县	0.99	5	洪江市	0.44	15
绥宁县	0.87	6	南县	0.44	16
岳阳县	0.76	7	靖州县	0.41	17
冷水江市	0.60	8	辰溪县	0.41	18
麻阳县	0.55	9	新宁县	0.40	19
桃江县	0.54	10	祁阳市	0.39	20

注：数据来源于湖南省统计局历年内部资料。

二、制约湖南水果产业健康发展的主要因素

1. 区域布局不够合理

由于潜在的冻害威胁，湖南有些地区是柑橘不适宜生态区域。如临湘，因面临江汉平原与滨湖地区，且南面有高山阻挡，冬季冷空气易进难出，造成该区历年冻害严重；桂东，地处罗霄山脉海拔 1 500～2 000 m 的大山区中，终年热量不足，冬季冻害严重，所以该区栽培柑橘经济意义不大，不宜栽种柑橘。

2. 主要病虫害发生频繁，危及产业的健康发展

①病虫害发生频繁。湖南水果主要病虫害发生频繁，其中柑橘黄龙病、猕猴桃溃疡病等，目前还没有一种有效的治疗方法，在一定程度上制约了产业的健康发展。

②病虫害防控体系不健全。无病毒种苗推广、统防统治、绿色防控等方面依然存在一定的障碍。目前无病毒种苗价格要比普通苗每株高 4～5 元，且政府没有种苗补贴，农民对无病毒种苗的使用意愿不高，同时绿色防控成本往往高于普通农药防控成本。并且病虫害统防统治服务组织不健全，很难做到水果生产主产区全覆盖，即使在其覆盖区域，由于成本因素，生产经营主体也很难与中介服务组织达成统防统治的契约关系。

3. 水果精深加工及配套服务体系建设滞后

湖南是水果生产大省，水果种植面积和产量长期位居全国前列，但在水果精深加工和配套服务上还处于劣势。

①规模以上（产值≥2 000 万元）水果精深加工企业偏少，水果加工技术水平、产品种类和产能有待进一步提高，而且加工型水果品种的种植规模小，目前全省每年水果加工量仍不到鲜果总量的 10%，而世界水果产量中约 40% 用于加工，美国约 70% 用于加工。

②冷链仓储物流设施建设滞后，虽然各水果主产区的种植大户、合作社、企业已建有部分冷库，但其规模和现代化程度还远远满足不了市场需求，缺乏

专业的、规模化的包装、贮藏、加工、销售等配套服务体系，也没有建设省级、区域层面上的水果冷链物流园。

三、水果种植基地布局需要考虑的主要因素

1. 气象条件

①柑橘。柑橘树喜温暖、较耐阴，对温度敏感，13～37 ℃是生长的适宜温度；柑橘是短日照果树，以年日照 1 200～1 500 h 最好，光照不足和过强，都会对柑橘树带来不利影响；适宜的年降水量为 1 200～1 500 mm，适宜的空气相对湿度为 75％～82％。

②猕猴桃。喜阴，宜栽在阴坡，但又性喜攀缘树上，以获得充足的阳光。适宜的年降水量为 800～2 000 mm，适宜的空气相对湿度为 75％～85％，适宜的年平均气温为 11～20 ℃。

③桃。极喜光，生长季中要求月平均温度 18～23 ℃。冬季一般需通过 500～1 000 h 的低温（7.2 ℃以下）才能完成休眠过程。在冬季三个月平均气温超过 10 ℃的地区，多数品种落叶延迟，进入休眠不完全，翌春萌芽很迟，开花不齐，产量降低。抗寒性较弱，冬季温度在－23～－25 ℃以下时枝干易冻损，休眠期花芽在－18 ℃左右即出现冻害。花蕾、花和幼果，分别只能耐－3.9 ℃、－2.8 ℃和－1.1 ℃的低温。

④梨。适宜的年平均降水量为 1 500 mm 以上，适宜的年平均气温为 15～23 ℃，梨喜光，年日照时数要在 1 700 h 以上，随着日照强度的增加，光合作用增强，光合产物增多，对提高梨的含糖量和品质十分有利。

⑤葡萄。葡萄喜光、喜暖温，对光照非常敏感，葡萄生长的最适宜温度为 25 ℃，当温度高于 30 ℃时，光合作用则迅速下降，年平均降水量 400～1 000 mm 比较适宜。葡萄萌芽—新梢生长期为 3 月中旬至 4 月下旬，最适宜新梢生长和花芽分化的温度是 25～32 ℃；开花坐果期为 5 月上旬至 5 月中旬，温度一般在 22～28 ℃时最好；挂果期为 5 月中旬至 6 月中旬，适宜的温度是

28~32 ℃；果实成熟采收期为 6 月中旬至 10 月下旬，此时期适宜的温度是 28~34 ℃。

2. 地形条件

①柑橘。丘陵、山地海拔在 800 m 以下，坡度在 25°以下为宜。

②猕猴桃。海拔 500 m 左右最适宜，150 m 以下或 1 900 m 以上不适合生长。

③桃。海拔 900~1 500 m 为宜。普通的桃树品种没有过高的海拔要求，但桃树种在高海拔地区产量不高。

④梨。适应性广，对海拔无特殊要求，但种在高海拔区病虫害增多。

⑤葡萄。葡萄种植要求海拔一般在 400~600 m 之间。

3. 土壤条件

①柑橘。有机质丰富的土壤最适宜种植柑橘，一般需要含有 2%~3% 的有机质，最好达到 5% 呈微酸性，pH 范围为 5.5~6.5，土层厚度超过 1 m，土质疏松，排水良好。

②猕猴桃。喜湿润适中的酸性土壤，特别是紫色土壤，在中性土壤上亦可生长。

③桃。适宜于中性偏酸性（pH 范围为 5.2~6.8）排水良好的沙质土壤。

④梨。种植梨的土壤以红壤、黄壤、黄棕壤为主，梨对土壤酸碱度的适应范围较广，pH 范围为 5~8.4 都可栽培，但以 pH＝5.8~7 最适宜。

⑤葡萄。栽培葡萄最理想的土壤是土质肥沃、疏松的沙壤土。

4. 产业特色

按照《湖南省"一县一特"主导特色产业发展指导目录》布局水果基地。

四、水果生产基地中长期布局建议

1. 适宜性评价

（1）指标选取与权重确定综合考虑气象、土壤、海拔等因素对水果品质及生长的影响，选取年平均温度、≥10 ℃的积温、日照时数、年均降水量、相对湿度、海拔、土壤类型、纬度等作为水果适宜性评价指标，结合德尔菲法和层次分析法建立层次结构模型，构造相应的权重判断矩阵，最后得到湖南水果适宜性评价因子层次结构以及评价因子的权重体系。

（2）适宜等级划分

根据水果生长期对各个指标条件的要求，将适宜等级划分为最优区、优势区、其他 3 个等级，并分别赋分值为 100、80、60（见表 9-8—表 9-12）。

表 9-8　柑橘适宜性评价指标、权重

指标	权重	最优区（100）	优势区（80）	其他（60）
年平均温度	0.21	15～17 ℃	13～15 ℃，17～37 ℃	<13 ℃，>37 ℃
≥10 ℃的积温	0.15	5 500～6 500 ℃	5 000～5 500 ℃，6 500～7 500 ℃	<5 000 ℃，>7 500 ℃
日照时数	0.15	1 300～1 400 h	1 400～2 200 h	<1 300 h，>2 200 h
平均降水量	0.07	1 200～1 500 mm	1 000～1 200 mm	<1 000 mm，>1 500 mm
相对湿度	0.07	75％	75％～82％	<75％，>82％
海拔	0.07	<300 m	300～500 m	>500 m
土壤类型	0.14	pH＝5.5～6.5 的红壤、黄壤	中性土壤	碱性土壤
纬度	0.14	北纬 25°～31°	北纬 20°～25°，31°～33°	其他区域

表 9-9 猕猴桃适宜性评价指标、权重

指标	权重	最优区（100）	优势区（80）	其他（60）
年平均温度	0.10	15～18.5 ℃	11～15 ℃，18.5～20 ℃	<11 ℃，>18.5 ℃
≥10 ℃的积温	0.15	>5 000 ℃	4 500～5 000 ℃	<4 500 ℃
<7.2 ℃的有效低温时数	0.15	>1 008 h	672～1 008 h	<672 h
日照时数	0.15	1 300～2 300 h	1 200～1 300 h	<1 200 h
年平均降水量	0.10	1 200～1 500 mm	800～1 200 mm，1 500～2 000 mm	<800 mm，>2 000 mm
相对湿度	0.07	75%～85%	70%～75%	<70%
海拔	0.08	800～1 800 m	150～800 m，1 800～2 000 m	<150 m，>2 000 m
土壤类型	0.08	pH=5.5～6.5的黄棕壤、黄壤、红壤等酸性土壤	中性土壤	碱性土壤
纬度	0.12	北纬26°～28°	北纬28°～35°	其他区域

表 9-10 桃适宜性评价指标、权重

指标	权重	最优区（100）	优势区（80）	其他（60）
年平均温度	0.15	12～18 ℃	18～23 ℃	<12 ℃，>23 ℃
≥10 ℃的积温	0.17	4 000～6 500 ℃	6 500～7 500 ℃	<4 000 ℃
小于7.2 ℃的有效低温时数	0.15	400～800 h	800～1 200 h	其他
日照时数	0.20	2 000～3 000 h	1 000～2 000 h	<1 000 h
平均降水量	0.10	600～800 mm	800～1600 mm	<600 mm，>1 600 mm
海拔	0.12	400～1 500 m	150～400 m，1 500～1 900 m	<150 m，>1 900 m

续表

指标	权重	最优区（100）	优势区（80）	其他（60）
土壤类型	0.11	pH=5.2～6.8的沙壤土	中性土壤	碱性土壤

表 9-11　梨适宜性评价指标、权重

指标	权重	最优区（100）	优势区（80）	其他（60）
年平均温度	0.15	15～23 ℃	23～25 ℃	<15 ℃，>25 ℃
≥10 ℃的积温	0.15	>3 800 ℃	3 600～3 800 ℃	<3 600 ℃
采摘前20 d内平均气温日较差	0.12	≥8.5 ℃	7.5～8.5 ℃	<7.5 ℃
日照时数	0.15	>2 000 h	1 700～2 000 h	<1 700 h
平均降水量	0.15	>1 500 mm	1 000～1 500 mm	<1 000 mm
相对湿度	0.08	63%～81%	81%～90%	<63%
海拔	0.08	<1 800 m	1 800～2 500 m	>2 500 m
土壤类型	0.12	pH=5.8～7 的黄棕壤、黄壤、红壤等酸性土壤	中性土壤	碱性土壤

表 9-12　葡萄适宜性评价指标、权重

指标	权重	最优区（100）	优势区（80）	其他（60）
年平均温度	0.20	18～25 ℃	25～30 ℃	>30 ℃
≥10 ℃的积温	0.20	2 100～4 700 ℃	>4 700 ℃	<2 100 ℃
各生长期温度	0.12	3月底—4月初12～19 ℃；5月下旬—6月下旬，22～23 ℃；6月上旬—7月上旬，23～27 ℃；7月中旬，26～28 ℃	5月下旬—6月下旬，18～22 ℃，23～26 ℃	3月底—4月初，>19 ℃，<10 ℃；5月下旬—6月下旬，>26 ℃或<18 ℃
日照时数	0.17	>2 000 h	1 700～2 000 h	<1 700 h

续表

指标	权重	最优区（100）	优势区（80）	其他（60）
年平均降水量	0.08	400～1 000 mm	1 000～1 200 mm	＜400 mm，＞1 200 mm
海拔	0.08	400～600 m	＜400 m，600～1 200 m	＞1 200 m
土壤类型	0.15	pH＝6.5～7.8的沙壤土	中性土壤	碱性土壤

（3）适宜性综合评价

采用加权指数求和法计算各评价单元综合分值，将水果适宜性综合分值排序，评价全省水果种植气象、海拔和土壤适宜性程度，划分最优区、优势区2个级别。最优区，柑橘适宜度$C \geq 95$，猕猴桃适宜度$C \geq 92$，桃适宜度$C \geq 90$，梨适宜度$C \geq 93$，葡萄适宜度$C \geq 91$；优势区，柑橘适宜度$90 \leq C < 95$，猕猴桃适宜度$90 \leq C < 92$，桃适宜度$89 \leq C < 90$，梨适宜度$92 \leq C < 93$，葡萄适宜度$90 \leq C < 91$。分值越高，果树种植区域适宜性程度越高。水果适宜性评价结果见表9-13—表9-17。

表9-13　柑橘适宜性评价结果

分区	综合分值	县（市、区）
最优区	$C \geq 95$	芷江县、洞口县、新宁县、资兴市、零陵区、溆浦县、洪江市、吉首市、泸溪县、保靖县、武冈市、临澧县、石门县、安化县、永兴县、宜章县、嘉禾县、临武县、道县、宁远县、辰溪县、麻阳县、凤凰县
优势区	$90 \leq C < 95$	邵阳县、城步县、邵东市、鼎城区、澧县、桃源县、永定区、慈利县、沅江市、冷水滩区、祁阳市、江永县、江华县、永顺县、龙山县、望城区、宁乡市、浏阳市、渌口区、醴陵市、攸县、茶陵县、炎陵县、湘潭县、湘乡市、韶山市、衡阳县、祁东县、绥宁县、湘阴县、汨罗市、东安县、蓝山县、鹤城区、沅陵县、靖州县、娄星区、双峰县、新化县、冷水江市、涟源市、花垣县、古丈县、中方县

表 9-14　猕猴桃适宜性评价结果

分区	综合分值	县（市、区）
最优区	$C \geqslant 92$	会同县、芷江县、靖州县、通道县、洪江市、鹤城区、中方县、麻阳县、溆浦县、城步县、吉首市、花垣县、永顺县、武冈市、双峰县、新化县、新晃县、辰溪县、保靖县、凤凰县
优势区	$90 \leqslant C < 92$	泸溪县、渌口区、醴陵市、攸县、茶陵县、炎陵县、湘潭县、衡阳县、新邵县、邵阳县、洞口县、新宁县、永兴县、祁阳市、东安县、冷水江市、永定区、武陵源区、慈利县、桑植县、沅陵县、古丈县、龙山县、宁乡市、湘乡市、韶山市、祁东县

表 9-15　桃适宜性评价结果

分区	综合分值	县（市、区）
最优区	$C \geqslant 90$	临湘市、桃江县、龙山县、汨罗市、韶山市、凤凰县、古丈县、鼎城区、桃源县、宁乡市、花垣县、岳阳县、鹤城区、中方县、平江县、保靖县、城步县、沅陵县、芷江县、桑植县、双峰县、长沙县、武冈市、吉首市、湘潭县、湘乡市、邵阳县、会同县、涟源市、溆浦县、隆回县、永定区、武陵源区、新晃县、洞口县、辰溪县、冷水江市、浏阳市、靖州县、衡山县、攸县、炎陵县、泸溪县、通道县、麻阳县、石门县、慈利县、永顺县、新化县、邵东市
优势区	$89 \leqslant C < 90$	安化县、祁阳市、宁远县、新宁县、醴陵市、临澧县、洪江市、资兴市、衡东县、安仁县、衡南县、绥宁县

表 9-16　梨适宜性评价结果

分区	综合分值	县（市、区）
最优区	$C \geqslant 93$	汝城县、道县、茶陵县、衡阳县、江华县、衡东县、湘潭县、长沙县、麻阳县、洪江市、永定区、靖州县、芷江县、浏阳市、汨罗市、岳阳楼区、云溪区、君山区、岳阳县、湘阴县、沅江市、平江县、宁乡市、华容县、韶山市、鼎城区、南县、澧县、津市市、安乡县

续表

分区	综合分值	县（市、区）
优势区	92≤C＜93	桃江县、临湘市、隆回县、新邵县、溆浦县、资兴市、花垣县、凤凰县、龙山县、永顺县、醴陵市、中方县、攸县、桂阳县、蓝山县

表 9-17　葡萄适宜性评价结果

分区	综合分值	县（市、区）
最优区	C≥91	雨湖区、湘潭县、衡东县、衡阳县、湘阴县、澧县、岳阳县、中方县、芷江县、汨罗市、韶山市、武陵区、鼎城区、平江县、宁乡市、津市市、华容县、南县、岳阳楼区、云溪区、君山区、安乡县、鹤城区、桂阳县、茶陵县、汝城县
优势区	90≤C＜91	隆回县、东安县、嘉禾县、常宁市、桃江县、永兴县、北湖区、苏仙区、娄星区、双峰县、零陵区、衡山县、湘乡市、荷塘区、芦淞区、石峰区、天元区、耒阳市、浏阳市、安仁县、珠晖区、雁峰区、石鼓区、蒸湘区、醴陵市、长沙县、衡南县、麻阳县、宜章县、涟源市、冷水江市、武冈市

2. 优势区域布局

（1）柑橘优势区域布局

根据 122 个县（市、区）的气象、土壤、海拔等条件分析，结合《湖南省"一县一特"主导特色产业发展指导目录》，全省柑橘产业布局为南起邵阳市城步县，北至常德市石门县，建设湘中雪峰山区鲜食与加工温州蜜柑产业带；在湘西州全境和怀化市、张家界市的部分县（市、区）建设武陵山脉椪柑生产带；在热量资源丰富的湘南和小区气候优越的地区发展橙类品种。建设以洪江市、麻阳县、永兴县为主的湘西南冰糖橙基地，以江永县为主的香柚生产基地，以张家界市为主的菊花芯柚生产基地，以浏阳市为主的金柑生产基地。

①最优区。以大湘西为主，包含环洞庭湖区和大湘南区的部分县（市、区），主要为芷江县、洞口县、新宁县、资兴市、零陵区等 23 个县（市、区）。

②优势区。在全省分布较广，包括邵阳县、城步县、邵东市、鼎城区等

44 个县（市、区）。

（2）猕猴桃优势区域布局

根据 122 个县（市、区）的气象、土壤、海拔等条件分析，结合《湖南省"一县一特"主导特色产业发展指导目录》，全省猕猴桃产业布局以大湘西区为主，长株潭区和大湘南区部分县（市、区）亦可布局。在大湘西区以中晚熟及加工型的美味猕猴桃品种为主；在长株潭区和大湘南区则应以中华猕猴桃优质早熟鲜食良种为主。

①最优区。包括会同县、芷江县、靖州县、通道县、洪江市等 20 个县（市、区）。

②优势区。包括泸溪县、渌口区、醴陵市、攸县、茶陵县等 27 个县（市、区）。

（3）桃优势区域布局

根据 122 个县（市、区）的气象、土壤、海拔等条件分析，湖南桃产业的优势产区以大湘西区为主，大湘南区、长株潭区和环洞庭湖区部分县（市、区）有少量分布。重点在炎陵、攸县等地发展黄桃，在溆浦、芷江等地发展颐红脆蜜桃，在浏阳等地发展松森桃。

①最优区。包括临湘市、桃江县、龙山县、汨罗市、韶山市等 50 个县（市、区）。

②优势区。包括安化县、祁阳市、宁远县、新宁县、洪江市等 12 个县（市、区）。

（4）梨优势区域布局

根据 122 个县（市、区）的气象、土壤、海拔等条件分析，湖南是梨产业的优势产区，全省大部分地区可发展梨产业。重点在岳阳市、长沙市、衡阳市等地发展翠冠梨、圆黄梨、黄金梨等；在张家界市、保靖县、麻阳县、芷江县、洪江市、靖州县等地发展金秋梨等；在江华县发展瑶山雪梨等；在汝城县发展水晶梨等；在城步县发展苗香梨等。

①最优区。包括汝城县、道县、茶陵县、衡阳县、江华县等 30 个县（市、区）。

②优势区。包括桃江县、临湘市、隆回县、新邵县、资兴市等 15 个县（市、区）。

（5）葡萄势区域布局

根据 122 个县（市、区）的气象、土壤、海拔等条件分析，湖南大部分地区可发展葡萄产业。最优区和优势区集中在大湘南区、长株潭区和环洞庭湖区，重点在常德市、长沙市及各主要城市周边发展阳光玫瑰葡萄；常德市、岳阳市等地发展红地球葡萄；郴州市、衡阳市等地发展巨峰葡萄；在怀化市、湘西州等地发展刺葡萄（湘珍珠葡萄）；夏黑无核葡萄全省均可发展。

①最优区。包括雨湖区、湘潭县、衡东县、衡阳县、湘阴县等 26 个县（市、区）。

②优势区。包括隆回县、东安县、嘉禾县、常宁市、桃江县等 32 个县（市、区）。

第十章　湖南茶叶产业空间布局研究

一、湖南茶叶产业现状

1. 种植与加工规模逐年扩大

2018 年茶园面积发展到 164.99×10^3 hm^2，产量发展到 21.47 万 t，与 2000 年相比，茶园面积和茶叶产量分别增长 122.81% 和 274.69%（见表 10-1），位居全国第八位和第五位，分别占全国茶园面积和产量的 5.53% 和 8.23%。

表 10-1　2000—2018 年湖南茶叶生产情况

年份	茶园面积/（$\times 10^3$ hm^2）	采摘面积/（$\times 10^3$ hm^2）	茶叶产量/万 t
2000	74.05	73.55	5.73
2001	74.12	63.56	5.84
2002	72.37	61.28	6.10
2003	74.04	61.40	6.06
2004	77.43	64.88	6.66
2005	80.08	66.96	7.20
2006	79.90	65.36	7.63
2007	86.15	69.89	8.75
2008	85.95	80.97	9.19
2009	90.33	75.54	9.85

续表

年份	茶园面积/（×10³ hm²）	采摘面积/（×10³ hm²）	茶叶产量/万 t
2010	96.96	79.59	11.77
2011	102.45	83.28	13.28
2012	108.82	86.79	13.53
2013	115.46	91.05	14.60
2014	127.47	98.39	16.18
2015	131.22	103.27	17.57
2016	138.72	110.37	18.60
2017	155.82	114.09	19.71
2018	164.99	122.34	21.47

注：数据来源于湖南省统计局历年内部资料。

2. 茶类结构逐步走向多元化

2018 年，全省绿茶、黑茶、红茶、白茶、黄茶产量较 2017 年均有不同幅度增加，产量分别为 95 115 t、87 695 t、22 848 t、967 t、386 t，增幅分别为 7.50%、11.30%、7.78%、406.28%、512.70%（见图 10-1）。从茶类结构看，白茶、黄茶产量快速增长，桑植白茶、岳阳黄茶成了当地特色名片。

2019 年，"潇湘绿茶""湖南红茶""安化黑茶""岳阳黄茶""桑植白茶"产量 28 万 t，出口 4.93 万 t，创汇 1.7 亿美元，综合产值 910 亿美元，千亿美元的产值目标指日可待。

3. 质量品牌发展水平逐步提升

近年来，湖南积极实施茶叶品牌工程，政府主导的公共品牌支撑企业品牌，实现亿元、十亿元、百亿元产品品牌的战略突围。目前，全省已有 13 个茶叶品牌被认定为"中国驰名商标"，是中西部地区茶叶品牌被认定为"中国驰名商标"最多的省份。此外，20 个茶叶品牌获得了"国家地理标志"产品认证。（见表 10-2、表 10-3）。

2017年

白茶
0.10%

黑茶
11.22%

绿茶
46.28%

黄茶
0.03%

红茶
11.09%

青茶
1.28%

2018年

白茶
0.47%

黑茶
41.87%

绿茶
45.42%

黄茶
0.18%

红茶
10.91%

青茶
1.15%

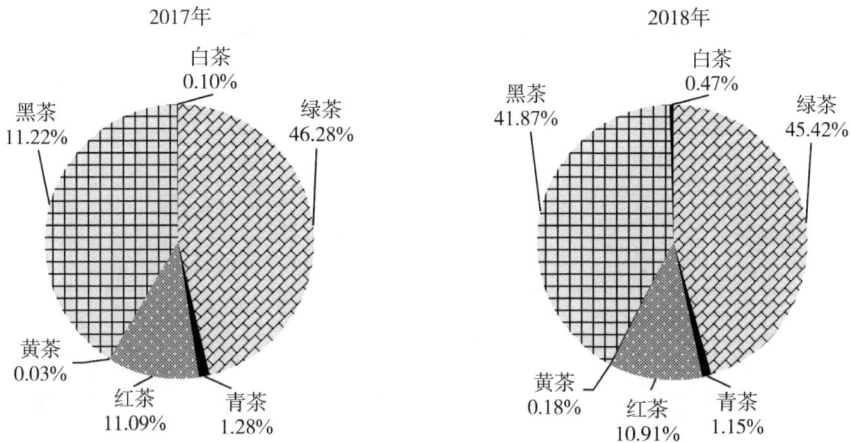

图 10-1　2017 年、2018 年湖南茶类结构图

表 10-2　湖南茶叶品牌情况

类型	品牌
区域公用品牌	潇湘茶、岳阳黄茶、碣滩茶、古丈毛尖、石门银峰、安化黑茶、保靖黄金茶
中国驰名商标	君山、金井、古洞春、湘丰、古丈毛尖、安化黑茶、湘益、石门银峰、兰岭、巴陵春、白沙溪、狗脑贡、双上绿芽
地理标志品牌	保靖黄金茶、湘西黄金茶、安化黑茶、安化千两茶、古丈毛尖、古丈红茶、岳阳银针、岳阳黄茶、桃源红茶、桃源大叶茶、桃源野茶王、石门银峰、碣滩茶、临湘黑茶、江华苦茶、桂东玲珑茶、沩山毛尖、双上绿芽、桃江绿茶、汝城白毛茶

表 10-3　湖南产茶县（市、区）主要茶叶品牌

县（市、区）	主要品牌
安化县	安化黑茶
石门县	石门银峰
保靖县	保靖黄金茶
古丈县	古丈毛尖

续表

县（市、区）	主要品牌
沅陵县	碣滩茶
长沙县	金井、湘丰
桃源县	桃源大叶
桃江县	雪峰山、香炉山
平江县	九狮寨、江南
宁乡市	沩山毛尖、密印峰
湘阴县	兰岭、铁香
临湘市	青砖茶、白石毛尖
君山区	君山银针
岳阳县	洞庭春
澧县	双上绿芽
桂东县	桂东玲珑
吉首市	湘西黄金茶
桑植县	桑植白茶
汝城县	汝城白毛茶、鼎湘
资兴市	狗脑贡
慈利县	慈利云雾
新化县	新化红茶、渠红薄片
城步县	城步峒茶
江华县	江华苦茶
蓝山县	三峰茶业
汨罗市	玉池山野茶
南岳区	南岳云雾
衡山县	皇芽
常宁市	蛮湘红

①潇湘绿茶。逐步形成了以"潇湘"茶为统一的公共品牌，以沅陵碣滩茶、保靖黄金茶、古丈毛尖、石门银峰等国家地理标志产品和驰名商标为主体，中小企业广泛参与的"潇湘"绿茶品牌建设体系，实施"标准化基地建设、标准化生产提升、品牌战略营销"三大计划。

②湖南红茶。2018年9月，第十届湖南茶业博览会开幕式上，28个红茶类产品获得"茶祖神农杯"名优茶金奖，占金奖产品数量的41.18%。"花蜜香、甘鲜味"是湖南红茶的品质特征，也成为湖南红茶生产加工的核心要求。

③安化黑茶。2018年，湖南全面完成了安化黑茶标准体系建设，组建了湖南紧压茶产品质量监督检测中心，全面加强了对从业人员的技术培训，推动了黑茶优质资源的保护和整合，茶叶基础不断夯实，行业管理进一步规范，品牌效应持续扩大。在中国茶叶区域公用品牌价值评估中，"安化黑茶"被列入我国"最具品牌发展力"的三大品牌。

④岳阳黄茶。2018年，岳阳市建成了君山黄茶产业园、洞庭山生态茶叶工业园和岳阳市茶博城三大岳阳黄茶标志性工程，融茶产业、茶旅游、茶文化、茶科研于一体，将岳阳黄茶工程打造成全国黄茶生产、研发中心。

⑤桑植白茶。2017年，"桑植白茶"获湖南茶叶博览会金奖，桑植县获"湖南十强生态产茶县"称号；获第十六届中国国际农产品交易会获"产品金奖"和"袁隆平特别奖"。桑植县委、县政府高度重视茶叶产业发展，着力打造"黑茶看安化、白茶问桑植"的茶叶区域公共品牌，用白茶来填补湖南茶叶品类发展中的空白。2019年底，桑植县茶园面积7.2万亩，其中野生茶园2.2万亩，基本形成了八大公山出口白茶产业园、人潮溪名优白茶产业带和洪家关休闲茶园片的"一园一带一片"格局，创建了万宝山茶叶产业省级示范园。

4. 产业化经营步伐加快推进

全省龙头企业近100家，其中国家级3家，省级40余家，市级50余家，年销售过50亿元企业1家，1亿元以上企业10余家。中国茶叶流通协会发布"2016年度中国茶叶行业综合实力百强企业"榜单，湖南共有5家企业入围，分别为湘茶集团（排名第二位）、湘丰茶业（排名第六位）、洞庭山（排名第二十位）、白沙溪茶厂（排名第二十六位）、百尼茶庵（排名第九十九位）。形成了湘茶集团、湘丰集团、湖南中茶、华莱、怡清源、金井、白沙溪、湘益、君山银针、巴陵春、永巨、福寿源、茶祖印象、桂东玲珑、鼎湘、自然韵、惟楚福瑞达、武陵红等企业集群。

5. 二十年来湖南茶叶产业布局变化情况

二十年来，全省茶叶产业结构不断变化，逐步向优势区域集中。从各市（州）来看，益阳市、湘西州、常德市、怀化市、岳阳市的茶园面积占全省的比重近 65.0%（详见表 10-4）。

表 10-4　2018 年湖南各市（州）茶园面积情况

	面积/（×10³ hm²）	占全省比重/%	排位
益阳市	32.85	19.91	1
湘西州	21.43	12.99	2
常德市	18.91	11.46	3
怀化市	17.27	10.46	4
岳阳市	15.78	9.56	5
郴州市	14.12	8.56	6
长沙市	13.41	8.13	7
娄底市	5.97	3.62	8
衡阳市	5.24	3.18	9
张家界市	5.24	3.18	10
邵阳市	5.20	3.15	11
湘潭市	3.85	2.33	12
株洲市	3.29	1.99	13
永州市	2.44	1.48	14
全省	165	100.0	

注：数据来源于湖南省统计局历年内部资料。

从县域来看，2018 年全省 122 个县（市、区）中，有 109 个县（市、区）产茶，其中 1×10^3 hm² 以上的产茶县（市、区）36 个，安化县一枝独秀，面积达到了 23.33×10^3 hm²，另外排在前四位的沅陵县、古丈县、石门县茶园面积分别为 9.53×10^3 hm²、9.52×10^3 hm²、8.40×10^3 hm²（见表 10-5）。安化县和石门县荣获"2019 中国十大生态产茶县"称号。

表 10-5　2018 年湖南茶叶生产情况

县（市、区）	茶园面积/（$\times 10^3$ hm²）	排名	县（市、区）	茶园面积/（$\times 10^3$ hm²）	排名
安化县	23.33	1	桑植县	2.55	19
沅陵县	9.53	2	溆浦县	2.25	20
古丈县	9.52	3	永兴县	2.21	21
石门县	8.40	4	会同县	2.17	22
桃源县	7.74	5	资兴市	2.04	23
桂东县	7.22	6	岳阳县	2.01	24
长沙县	5.94	7	洞口县	1.92	25
保靖县	5.85	8	湘潭县	1.86	26
桃江县	5.26	9	双峰县	1.75	27
平江县	4.46	10	湘乡市	1.73	28
吉首市	4.25	11	洪江市	1.52	29
湘阴县	3.90	12	澧县	1.46	30
宁乡市	3.36	13	慈利县	1.43	31
浏阳市	3.32	14	汝城县	1.41	32
临湘市	3.11	15	资阳区	1.37	33
常宁市	2.93	16	武冈市	1.15	34
赫山区	2.81	17	永定区	1.06	35
新化县	2.55	18	涟源市	1.00	36

注：数据来源于湖南省统计局历年内部资料。

列入"2018 年中国茶业百强县"的安化县、长沙县、石门县、沅陵县、桃源县、桃江县、保靖县、宜章县、吉首市的茶园面积分别为 23.33 × 10^3 hm²、5.94×10^3 hm²、8.40×10^3 hm²、9.53×10^3 hm²、7.74×10^3 hm²、5.26×10^3 hm²、5.85×10^3 hm²、0.18×10^3 hm²、4.25×10^3 hm²。

二、制约湖南茶叶产业健康发展的因素

1. 缺乏规划引领

全省茶园建设缺乏规划引领，茶园遍地开花，2018 年全省 122 个县（市、区）中，就有 109 个县（市、区）产茶，其中 1×10^3 hm² 以上的产茶县仅有 36 个，约占产茶县的 34%，而 0.1×10^3 hm² 以下的产茶县有 24 个，约占产茶县的 20%。

2. 茶园建设标准低

近年来，湖南茶产业发展迅速，茶园面积年年递增，但全省标准茶园建设基础薄弱，如前期建园投入成本偏低导致茶园机械化配套设施水平低、水肥一体化设施建设不到位等情况普遍存在。目前湖南无性系良种茶园面积不到总面积的 45%，远低于浙江（85%）、福建（98%），也低于全国平均水平（51%），与国外产茶国相比存在更大差异，如肯尼亚、马拉维达（100%），日本（78.3%）。

3. 湘茶特色彰显度不够

湘茶特色彰显度与其他茶叶优势省份相比还存在较大差距。2017 年度全国名特优新农产品目录（每两年评定一次，两年内有效）中，茶叶类仅有 3 个产品品牌入选（古丈毛尖、太青双上绿芽茶、碣滩茶），在全国 133 个入选茶叶品牌中仅占 2.26%。列入"2018 年中国茶叶百强县"的县（市、区）仅 9 个，低于云南（15 个）、福建（11 个）。

4. 劳动力生产成本高

随着产业转型，农村劳动力大量向城市转移。在传统茶业中，茶树耕作、茶园修剪和茶叶采摘等茶叶生产作业用工占总劳动力成本的 70% 以上，其中

鲜叶采摘是茶园管理中最费时，也是季节性最强的一项工作。一般手工采茶所花的工时要占茶园常年管理用工的 50%～65%。在茶园比较集中的产茶区，"用工荒"逐年严重，日益上涨的劳动力成本已成为制约茶产业发展的瓶颈。

三、茶叶种植基地布局需要考虑的主要因素

1. 气象条件

（1）温度要求

适宜茶树生长的温度是年平均气温≥15 ℃，≥10 ℃的积温≥4 500 ℃，多年平均极端最低气温＞−10 ℃。最适宜新梢生长的月平均气温为≥18 ℃；当气温≥35 ℃时，茶树生长便会受到抑制；如果高温时间持续较长，再加上空气湿度低和土壤干旱，茶树会因高温、干旱而发育不良。

（2）水分要求

适宜种茶的地区，一般年降水量应在 1 400 mm 以上。茶树存在生长季节耗水多、休眠期间耗水少的特点，因此，全年降水量一般应＞1 000 mm，生长期月降水量大于 100 mm，相对湿度 80%～90%。另外，也要防止水分过多，特别是排水不良或地下水位过高的茶园，由于土壤通气不良，氧气缺乏，阻碍了根系的吸水和呼吸，使茶树根部受害。

（3）光照要求

茶树原是在大森林中生长的植物，在漫长的环境适应过程中形成了耐阴的特性。经过人工长期栽培，茶树对光的适应性变得广阔了。就茶叶品质而言，在低温高湿、光照强度较弱的条件下生长的鲜叶，氨基酸含量较高，品质较高。

2. 地形条件

当达到一定海拔时，云雾多，空气相对湿度大，漫射光丰富，有利于茶叶中氨基酸的形成。不仅如此，高海拔地区的昼夜温差较大，大量光合作用生产的物质能够被有效积累，所以，在海拔 800 m 左右的山地区域种植的茶叶通常

有着良好的品质与口感，超过 800 m 之后，随着海拔增加，茶叶中的茶多酚含量不断下降，氨基酸含量则逐渐增加。

3. 土壤条件

茶树生长土壤的适宜性：硅质黄壤＞砂岩黄壤＞第四纪黏质黄壤＞小黄泥＞黄棕壤。高产茶园要求有效土层厚度 80 cm 以上，表土层厚度 20～30 cm，容重 1～1.2 g/cm³，心土层容重 1.2～1.45 g/cm³，砂、黏适中，pH 范围为 4～5，土壤有机质达 2.0%。

4. 产业特色

按照《湖南省"一县一特"主导特色产业发展指导目录》布局茶叶基地。

四、茶叶生产基地中长期布局建议

1. 适宜性评价

（1）指标选取与权重确定

综合考虑气象、土壤、海拔等因素对茶叶品质及茶树生长的影响，选取年平均温度、≥10 ℃的积温、生长期内月平均气温、年平均降水量、生长期内月平均降水量、相对湿度、海拔、土壤类型等 8 个因子作为茶树适宜性评价指标，结合德尔菲法和层次分析法建立层次结构模型，构造相应的权重判断矩阵，最后得到湖南茶树适宜性评价因子层次结构以及评价因子的权重体系。

（2）适宜等级划分

根据茶树生长期对各个指标条件的要求，将适宜等级划分为最优区、优势区、其他 3 个等级，并分别赋分值为 100、80、60（见表 10-6）。

表 10-6　茶树适宜性评价指标、权重

因素	权重	最优区（100）	优势区（80）	其他（60）
年平均气温	0.153 8	20～25 ℃	15～20 ℃，25～35 ℃	＜15 ℃，＞35 ℃
≥10 ℃的积温	0.153 8	＞4 500 ℃	3 000～4 500 ℃	＜3 000 ℃

续表

因素	权重	最优区（100）	优势区（80）	其他（60）
生长期内月平均气温	0.153 8	18～25 ℃	15～18 ℃，25～35 ℃	<15 ℃，>35 ℃
年平均降水量	0.153 8	≥1 400 mm	1 000～1 400 mm	<1 000 mm
生长期内月平均降水量	0.153 8	100～300 mm	50～100 mm	<50 mm
相对湿度	0.077 0	80%～90%	50%～80%	<50%，>90%
海拔	0.077 0	400～800 m	300～400 m，800～1 500 m	<300 m，>1 500 m
土壤类型	0.077 0	黄壤、黄棕壤	红壤、紫色土	马肝泥

（3）适宜性综合评价

采用加权指数求和法计算各评价单元综合分值，将茶树适宜性综合分值排序，评价全省茶树种植气象、海拔和土壤适宜性程度，划分最优区、优势区2个级别：最优区，适宜度 $C \geq 90$；优势区，适宜度 $89 \leq C < 90$。分值越高，茶树种植区域适宜性程度越高。茶树适宜性评价结果见表10-7。

表 10-7 茶树适宜性评价结果

分区	综合分值	县（市、区）
最优区	$C \geq 90$	溆浦县、中方县、古丈县、南岳区、安化县、沅陵县、蓝山县、通道县、鹤城区、吉首市、汝城县、洞口县、桑植县、桂东县、花垣县、保靖县、永顺县、龙山县、江华县、炎陵县、石门县、平江县、临湘市、桃源县、慈利县、新晃县、靖州县、新化县、凤凰县、临武县、衡山县、君山区
优势区	$89 \leq C < 90$	道县、江永县、资阳区、醴陵市、攸县、零陵区、辰溪县、麻阳县、茶陵县、桃江县、芷江县、赫山区、武冈市、城步县、新宁县、澧县、洪江市、双峰县、涟源市、邵东市、隆回县、长沙县、浏阳市、宁乡市、岳阳县、湘阴县、临湘市、华容县、汨罗市、宜章县、资兴市、安仁县、常宁市、耒阳市、祁阳市、双牌县、宁远县、新田县

2. 优势区域布局

根据 122 个县（市、区）的气象、土壤、海拔等条件分析，结合《湖南省"一县一特"主导特色产业发展指导目录》，湖南茶叶优势产业区域以大湘西区为主，总体呈现向西北聚集、多点散射的特点。

①最优区。包括溆浦县、中方县、古丈县、南岳区、安化县、沅陵县、蓝山县等 32 个县（市、区）。该区域多属山地地貌，区内降水丰富、气温适宜、光照条件和水分情况相比其他地方较为优越，形成了云雾缭绕的自然状态，漫射光强；土壤多为黄壤和黄棕壤，土壤质地大多属于壤土，土壤酸碱度适宜，同时拥有良好的地质形态和丰富的有机质及其他养分；由于该区大部分被森林植被所覆盖，受特殊地形影响，该区不易发生冻害和旱害，是全省建立优质茶叶和有机茶的最优区域。该区凭借先天自然条件，在投入成本较少的情况下可以带来较大的经济效益。该区域对于这些地区可以集中发展茶叶种植产业并且实现统一的管理，加大科技投入力量，提高经营管理水平，从而提高茶叶产业的经济效益。

②优势区。包括道县、江永县、资阳区、醴陵市、攸县等 38 个县（市、区）。该区域分布较为零散，气候和土壤条件仅次于最优区，空气湿度稍有瑕疵，土壤以红壤为主，影响茶叶栽培的主要不利因素是水分，其次是土壤状况，但可以通过灌溉解决缺水和空气干燥问题，大力加强植物绿肥、增强有机肥，改善土壤的营养成分，以此来消除茶叶生长的不利因素。可以在本区域推行有机标准化栽培技术，促进茶叶标准化、集约化、机械化生产，提升茶叶产品品质。

第十一章 湖南水产产业空间布局研究

一、湖南水产产业现状

1. 生产和加工规模总体平稳

①生产能力。2018 年湖南水产品总产量达 252.53 万 t，其中养殖总产量 243.61 万 t。水产品养殖面积 419.1×10³ hm²，其中湖泊养殖 58.92×10³ hm²，水库养殖 104.41×10³ hm²。水产产业产值 417.21 亿元，其中养殖产值 377.59 亿元。

②产业地位。2017 年全省水产养殖面积排全国第三位（淡水），水产品总量排全国第四位（淡水），水产产业经济总产值排全国第十二位。2014—2018 年湖南水产品生产情况见表 11-1。

表 11-1　2014—2018 年湖南水产品生产情况

项目	2014 年	2015 年	2016 年	2017 年	2018 年
水产品总产量/万 t	247.96	261.32	271.81	242.31	252.54
（1）捕捞/万 t	18.08	18.67	19.12	8.89	8.93
①鱼类（含鳝鱼、泥鳅）/万 t	15.67	16.20	16.66	7.66	7.68
②虾蟹类/万 t	1.40	1.45	1.47	0.76	0.77
（2）养殖/万 t	229.88	242.65	252.69	233.42	243.61
①鱼类（含鳝鱼、泥鳅）/万 t	222.65	234.89	242.41	218.77	223.70

续表

项目	2014 年	2015 年	2016 年	2017 年	2018 年
②虾蟹类/万 t	3.27	3.70	5.79	10.29	15.73
水产品养殖面积/（×10³ hm²）	460.16	485.5	486.91	417.32	419.1
（1）池塘养殖/（×10³ hm²）	243.97	261.17	265.42	235.42	237.19
（2）湖泊养/（×10³ hm²）	74.69	75.94	73.49	60.41	58.92
（3）水库养殖/（×10³ hm²）	123.57	124.63	124.51	101.63	104.41
稻田养殖面积/（×10³ hm²）	122.27	121.74	116.3	148.19	181.11
（1）稻田养鱼面积/（×10³ hm²）	93.92	91.34	88.56	98.99	108.71
（2）稻田养虾蟹面积/（×10³ hm²）				46.61	62.02
稻田养殖产量/万 t				15.80	22.02
（1）稻田养鱼产量/万 t	4.13	4.21	4.41	6.69	7.90
（2）稻田养虾蟹产量/万 t				9.69	13.28

注：数据来源于湖南省统计局历年内部资料。

③加工前景。近年来，随着湖南淡水鱼制品打入欧美市场，全省水产品加工有了新的发展，前景广阔。2018 年共有水产品加工企业 170 家，其中规模以上加工企业 56 家；水产加工品总量 15.19 万 t。

2. 产业结构得到优化

近年来，湖南加大渔业供给侧结构性改革，突出抓好稻渔综合种养和名特优水产品规模发展，渔业养殖结构进一步优化。2017 年全省稻渔综合种养 332 万亩，名特优水产养殖面积 375 万亩，产量 156 万 t，占全省水产品总量的 64.5%。其中小龙虾 13.5 万 t、乌鳢 4.6 万 t、黄鳝 3.29 万 t、鳜鱼 2.1 万 t、甲鱼 2.2 万 t。

为拓宽渔业发展空间，近年来全省积极发展休闲渔业，到 2017 年共有休闲渔业企业 5 737 家，其中国家级休闲渔业示范基地 31 个，年接待总人数达 1 100 万人次，产值 21.2 亿元。水产品加工、休闲渔业的发展有力地推动了全省渔业产业化进程。

3. 质量安全水平提高

近年来，全省强化水产品质量安全监管，水产品质量安全水平显著提高，国家水产品例行监测合格率 99％以上。小龙虾产品通过 ISO9001 国际质量管理体系认证，荣获"湖南省农产品加工质量安全奖"。

4. 品牌意识增强

积极申报"国家地理标志"产品认证。目前，全省有"临澧黄花鱼""珊珀湖草鱼""珊珀湖花鲢""珊珀湖黑鲫""汉寿甲鱼""五强溪鱼""华密大湖胖头鱼""东江鱼""郴州高山禾花鱼""大通湖大闸蟹""张家界大鲵""南县小龙虾""南县草龟""南县中华鳖"等一批具有地方特色的水产品获得了"国家地理标志"产品认证。湖南形成了以"南县小龙虾"和"渔家姑娘"为代表的湖南水产品牌，其中，"渔家姑娘"先后获得"中国驰名商标""湖南国际知名品牌""湖南省著名商标""湖南名牌"等称号和"2017 年湖南省十大农业企业品牌"等荣誉。

5. 二十年来湖南水产产业布局变化情况

（1）区域水产产业集群基本形成

随着养殖结构的优化，湖南初步形成了各具特色的水产产业集群。环洞庭湖生态渔业圈，发展稻虾、稻蛙、稻蟹等生态综合种养；湘南南岭、湘西北武陵、湘中雪峰等山区为池塘精养区；邵阳市、怀化市、娄底市推广稻田养鱼、高山养鱼；张家界市、郴州市、怀化市和湘西州等地，发展大鲵、鲟鱼、鲑鱼等名特优水产品集约化养殖。

从四大板块来看，在 2008 年至 2018 年的十年间，洞庭湖区（岳阳市、常德市、益阳市）水产品产量占全省的 50％以上；大湘南区（衡阳市、永州市、郴州市）水产品产量占全省的 23.33％。1998 年、2008 年、2018 年湖南水产品生产情况见表 11-2。

从各市来看，2018 年水产品产量过 20 万 t 的有岳阳市、常德市、益阳市、衡阳市、永州市5市，5市水产品产量占全省的比重达71.90%。

表 11-2 1998 年、2008 年、2018 年湖南水产品生产情况

县（市、区）	1998 年			2008 年			2018 年		
	水产品产量/万 t	占全省比重/%	排位	水产品产量/万 t	占全省比重/%	排位	水产品产量/万 t	占全省比重/%	排位
岳阳市	23.01	19.70	1	34.52	19.10	1	50.65	20.06	1
常德市	20.94	17.93	2	30.50	16.88	2	43.93	17.40	2
益阳市	12.26	10.50	4	26.39	14.60	3	39.59	15.68	3
衡阳市	16.32	13.97	3	22.67	12.55	4	27.11	10.73	4
永州市	7.73	6.62	6	13.84	7.66	5	20.27	8.03	5
郴州市	4.93	4.22	9	8.31	4.60	7	11.54	4.57	6
邵阳市	5.61	4.80	7	8.04	4.45	8	10.31	4.08	7
株洲市	4.40	3.77	10	6.60	3.65	9	9.38	3.71	8
娄底市	4.28	3.67	11	6.24	3.45	11	9.28	3.67	9
长沙市	7.74	6.63	5	9.64	5.33	6	9.26	3.67	10
湘潭市	5.34	4.58	8	6.41	3.55	10	8.88	3.51	11
怀化市	2.36	2.02	12	4.92	2.72	12	8.56	3.39	12
湘西州	1.31	1.12	13	1.81	1.00	13	2.47	0.98	13
张家界市	0.55	0.47	14	0.83	0.46	14	1.32	0.52	14
全省合计	116.78	100		180.72	100		252.55	100	

注：数据来源于湖南省统计局历年内部资料。

（2）产业重点县（市、区）呈区域集中

从县域来看，2018 年水产品产量在 1 万 t 以上的县（市、区）有 62 个，产量过 10 万 t 的有沅江市、湘阴县、华容县、安乡县和南县 5 县（市），5 县（市）水产品产量占全省的 27.03%。

各县（市、区）水产业特色日益彰显，形成了以南县、华容县为主的小龙虾养殖区，以汉寿县、衡阳县为主的甲鱼养殖区，以鼎城区、望城区为主的鳜

鱼养殖区，等等。随着区域特色渔业的规模发展，打造了一批精品名牌，如"南县小龙虾""汉寿甲鱼""鼎城鳜鱼""澧州北王鱼""资兴东江鱼""辰溪稻花鱼""郴州高山禾花鱼""新化东岭田鱼""湘西呆鲤"等品牌，全省渔业区域布局日趋合理。2018年湖南各县（市、区）水产产业生产情况见表11-3。

表11-3 2018年湖南各县（市、区）水产产业生产情况

县（市、区）	水产品产量/t	排位	县（市、区）	水产品产量/t	排位
沅江市	161 131	1	永兴县	25 409	32
湘阴县	150 032	2	冷水滩区	25 092	33
华容县	135 979	3	津市市	24 630	34
安乡县	120 410	4	攸县	23 964	35
南县	115 123	5	望城区	23 662	36
汉寿县	74 561	6	临澧县	22 353	37
鼎城区	72 462	7	宁远县	21 920	38
祁阳市	64 035	8	岳阳楼区	21 884	39
衡阳县	61 267	9	武陵区	20 957	40
衡南县	55 146	10	东安县	20 795	41
澧县	54 429	11	浏阳市	19 468	42
岳阳县	51 656	12	云溪区	19 287	43
祁东县	48 579	13	沅陵县	19 185	44
汨罗市	46 091	14	零陵区	19 029	45
湘潭县	41 753	15	涟源市	18 099	46
临湘市	37 338	16	衡东县	17 957	47
桃源县	35 940	17	茶陵县	16 652	48
君山区	34 977	18	安化县	16 497	49
湘乡市	34 258	19	洞口县	16 485	50
新化县	33 853	20	桂阳县	15 662	51
资兴市	32 715	21	苏仙区	15 361	52
耒阳市	32 339	22	长沙县	13 624	53

续表

县（市、区）	水产品产量/t	排位	县（市、区）	水产品产量/t	排位
大通湖区	32 332	23	石门县	13 543	54
常宁市	30 997	24	新邵县	12 672	55
道县	30 541	25	渌口区	12 037	56
资阳区	29 860	26	衡山县	11 972	57
赫山区	29 137	27	邵阳县	11 926	58
邵东市	27 701	28	桃江县	11 858	59
宁乡市	27 380	29	溆浦县	10 715	60
双峰县	26 162	30	隆回县	10 665	61
醴陵市	25 866	31	辰溪县	10 113	62

注：数据来源于湖南省统计局历年内部资料。

1999 年、2008 年、2018 年湖南水产品产量排名前五十位的县（市、区）分布情况见表 11-4。

表 11-4　1998 年、2008 年、2018 年湖南水产品产量排名前五十位的县（市、区）分布

年份	产量排名前五十位的县（市、区）
1998 年	长沙市：宁乡市、浏阳市、望城区、长沙县 株洲市：醴陵市、攸县、茶陵县、渌口区 湘潭市：湘潭县、湘乡市 岳阳市：湘阴县、华容县、岳阳县、君山区、临湘市、岳阳楼区、汨罗市、云溪区 常德市：鼎城区、汉寿县、安乡县、桃源县、澧县、临澧县、武陵区、津市市 益阳市：沅江市、南县、赫山区、资阳区 永州市：祁阳市、道县、冷水滩区、东安县、宁远县 衡阳市：衡阳县、衡南县、祁东县、耒阳市、常宁市、衡东县、衡阳市郊区、衡山县 郴州市：永兴县、资兴市、桂阳县 娄底市：双峰县、新化县 邵阳市：邵东市、武冈市

续表

年份	产量排名前五十位的县（市、区）
2008 年	长沙市：宁乡市、浏阳市、望城区、长沙县 株洲市：醴陵市、攸县、茶陵县 湘潭市：湘潭县、湘乡市 岳阳市：华容县、湘阴县、岳阳县、汨罗市、临湘市、君山区、岳阳楼区、云溪区 常德市：安乡县、鼎城区、汉寿县、澧县、桃源县、临澧县、津市市、武陵区 益阳市：沅江市、南县、大通湖区、赫山区、资阳区、安化县 永州市：祁阳市、道县、冷水滩区、宁远县、东安县、零陵区 衡阳市：衡阳县、衡南县、祁东县、耒阳市、常宁市、衡东县 郴州市：资兴市、永兴县、桂阳县 娄底市：双峰县、新化县 邵阳市：邵东市、洞口县
2018 年	长沙市：宁乡市、望城区、浏阳市 株洲市：醴陵市、攸县、茶陵县 湘潭市：湘潭县、湘乡市 岳阳市：湘阴县、华容县、岳阳县、汨罗市、临湘市、君山区、岳阳楼区、云溪区 常德市：安乡县、汉寿县、鼎城区、澧县、桃源县、临澧县、津市市、武陵区 益阳市：沅江市、南县、大通湖区、资阳区、赫山区 永州市：祁阳市、道县、冷水滩区、宁远县、东安县、零陵区 衡阳市：衡阳县、衡南县、祁东县、耒阳市、常宁市、衡东县 郴州市：资兴市、永兴县 娄底市：新化县、双峰县、涟源市、安化县 怀化市：沅陵县 邵阳市：邵东市、洞口县

注：数据来源于湖南省统计局历年内部资料。

二、制约湖南水产产业健康发展的主要因素

1. 资源环境约束趋紧

随着水产养殖面积的扩张与产量的不断增加，加上新时代生态环境保护力度的增强，生态与资源环境对全省水产养殖的约束趋严趋紧。自 2015 年开展环保督查以来，全省实施了江河湖泊拆围、水库拆箱、大水面禁肥等行动，使

水产养殖面积明显缩减；2018 年 8 月公布的《淡水养殖尾水排放要求（征求意见稿）》，可能使养殖面积进一步减少。

2. 水产产业基础设施薄弱

全省现有水产苗种场和精养池塘，大多修建于 20 世纪 70—80 年代，老化严重，不但养殖效率低，而且对水生态环境构成严重威胁。据统计，全省亟须标准化生态化改造的鱼池超过 140 万亩，占池塘总面积的 30％左右。

3. 养殖方式低效

全省水产养殖模式中，精养、集约化养殖方式占比较少，且部分地区存在养殖布局不合理、养殖方式落后、养殖密度过大、投喂不科学等问题，造成了不同程度的水域污染，从而使生产受限、质量不优、效益不高，影响了整个产业的发展。

三、湖南水产产业布局需要考虑的重要因素

1. 水产产业结构

水产产业结构调整朝着科学性的方向持续发展，同时进行水产产业发展新领域的探索。一是考虑水产品质量的提高及防止水污染，二是加大水产品良种的覆盖率，三是加强对水产品品种结构优化的重视。充分利用市场导向作用，养殖满足市场发展需求的水产品种类，如重点发展休闲观光旅游水产产业、大水面增殖水产产业、特种养殖、稻渔综合种养，进而实现水产产业结构的合理调整。

2. 优势区域布局

由于受国家政策的影响，各地对水资源的管理越来越重视，许多水库、大湖逐步禁止养殖，网箱养殖在逐年减少。因此布局调整时应充分发挥区域水资源禀赋，在有龙头企业的区域进行重点布局，以龙头企业带动产业的发展。

依据湖南及各水产产业重点县（市、区）养殖水域滩涂规划，在符合生态保护红线和永久基本农田管控要求的基础上，科学划定禁止养殖区、限制养殖

区和允许养殖区。

按照《湖南省"一县一特"主导特色产业发展指导目录》发展区域特色水产产业，在全省布局 10 个特色水产产业县。

依据湖南《关于规范水库渔业利用加强水库水质保护的意见》，进行规范养殖。

四、湖南水产基地中长期布局建议

1. 大宗鱼养殖优势产区

大宗鱼以青、草、鲢、鳙、鲤、鲫、鲂为代表。主要布局在常德市、益阳市、岳阳市、长沙市、衡阳市、湘潭市等 6 市，包括鼎城区、安乡县、汉寿县等 19 个县（市、区）。

2. 名贵鱼养殖优势产区

主要包括鳜鱼、黄颡鱼、鲟鱼、鲑鳟鱼、黄鳝、泥鳅等品种。

鳜鱼：主要布局在以长株潭区及洞庭湖区为核心的优势区，包括望城区、宁乡市、湘乡市、湘潭县等 21 个县（市、区）。

黄颡鱼：主要布局在以长沙周边地区及洞庭湖区为核心的黄颡鱼养殖优势产业区，包括望城区、宁乡市、浏阳市、云溪区等 14 个县（市、区）。

冷水鱼：主养品种包括鲟鱼、鲑鳟鱼等，规划以大湘南区的郴州市、永州市 2 市及大湘西区的怀化市、湘西州和长沙市为主的优势产区，主要包括北湖区、苏仙区、永兴县、资兴市等 8 个县（市、区）。

鳝鳅：主要布局在洞庭湖区的常德市、益阳市、岳阳市 3 市，包括鼎城区、安乡县、汉寿县、临澧县等 16 个县（市、区）。

3. 龟鳖等爬行类养殖优势产区

规划以洞庭湖区的常德市、益阳市、岳阳市 3 市为优势产区，主要包括汉寿县、鼎城区、安乡县、临澧县等 14 个县（市、区）。

4. 虾蟹等甲壳类养殖优势产区

规划以洞庭湖区的常德市、益阳市、岳阳市 3 市为核心优势产区，主要布局在云溪区、君山区、岳阳县、湘阴县等 15 个县（市、区）。

5. 稻渔综合种养优势产区

主要包括稻虾和稻鱼两种种养模式。

稻虾：以洞庭湖区的常德市、益阳市、岳阳市 3 市为优势产区，主要布局在君山区、岳阳县、华容县、临湘市等 11 个县（市、区）。

稻鱼：形成以大湘南区的郴州市、永州市 2 市及大湘西区的邵阳市、怀化市、娄底市、湘西州 4 市（州）为主的优势产区，主要布局在北湖区、苏仙区、桂阳县、临武县等 31 个县（市、区）。

第十二章　湖南油茶产业空间布局研究

一、湖南油茶产业现状

1. 油茶资源总量持续增长

坚持一手抓新造增量，一手抓低改提质，以每年新造 3.33 万 hm^2、低改抚育 6 万 hm^2 的速度推进油茶资源培育。近十年来，新造油茶林 31 hm^2，垦复改造低产林 56.26 万 hm^2。2018 年油茶林面积达 145.25 万 hm^2，占全国油茶林面积的 33.54%；2018 年油茶籽产量达 101.08 万 t，与 2000 年相比，增长 199%（见表 12-1），占全国油茶产量的 38.44%；湖南油茶林面积和油茶籽产量稳居全国第一位。

表 12-1　2000—2018 年湖南油茶籽生产情况

年份	油茶籽产量/t	年份	油茶籽产量/t
2000	337 956	2010	390 455
2001	336 216	2011	516 808
2002	360 345	2012	681 370
2003	339 716	2013	736 598
2004	382 597	2014	823 517
2005	374 516	2015	824 341
2006	368 235	2016	874 642

续表

年份	油茶籽产量/t	年份	油茶籽产量/t
2007	347 906	2017	1 007 523
2008	401 252	2018	1 010 844
2009	418 982		

注：数据来源于湖南省统计局历年内部资料。

2. 基地建设质量不断提高

近年来，湖南以衡阳市、永州市 2 个"全国油茶产业建设示范市"和常宁县、邵阳县等 48 个"全国油茶产业发展重点县"为依托，着力打造基地建设示范样板，带动全省油茶基地建设实现"标准化、集约化、机械化、规模化"。严把油茶良种壮苗关，强化品种更新换代，分区域推广油茶良种组合。以油茶低改示范林建设为抓手，探索推广"带状更新"油茶低改模式，有力促进了基地建设提质增效。

3. 科技研发进一步加强

茶油不仅可以食用，还是重要的医药、化工原材料。湖南在多年的油茶产业发展中，通过产学研紧密合作，为推进湖南油茶业发展提供了坚实的科技基础。衡阳市与中南林业科技大学合作，共同培育油茶新品种；与中国科学院联合开展茶皂素提取技术论证研究。依托科技优势，茶油加工企业在茶油精深加工方面能力逐步提高，从单一用油茶籽榨取食用油，发展到生产茶皂素、日用洗护品、高级保健品等多种副产品综合利用，湖南金昌生物技术有限公司、湖南大三湘茶油股份有限公司、湖南神农国油生态农业发展有限公司依托校（院）企合作研发了多款畅销的产品，这些公司研发的洗发、沐浴、护肤等日化产品，供不应求，市场前景十分可观，为做大做强油茶产业奠定了坚实的基础。

4. 品质品牌不断提升

截至 2018 年，全国茶油加工企业有 1 018 家，其中，湖南的茶油加工企业有 400 余家。目前,湖南正在全力打造"湖南茶油"公共品牌,并取得了显著成效。部分地方性油茶协会已成功获得"邵阳茶油""鼎城茶油""常宁茶油"等"国家地理标志"产品认证。现拥有国家林业重点龙头企业 4 家、省级龙头企业 95 家,获得"中国驰名商标" 9 个、"湖南著名商标" 31 个和"湖南名牌产品" 11 个。全省茶油年加工能力超过 60 万 t。培育了"大三湘""山润""金浩""贵太太""洪盛源""林之神"等一批颇具影响力的茶油品牌,其中"贵太太""洪盛源"已在新三板挂牌上市。湖南衡阳市 7 个县(市、区)均被确定为"全国油茶产业发展重点县",2013 年衡阳市被国家林业局确定为"全国油茶产业建设示范市"。全国唯一的"国家油茶生物产业基地"落户衡阳市,常宁茶油被认定为"国家地理标志保护产品"。打造了"大三湘""神农国油""衡星坊""臻林""相公寨""咏胜一滴香""南岳""利天然"等一批高品质茶油品牌,其产品销售不仅辐射北京、上海等大中城市,还深受日本、韩国、欧洲、北美等地消费者的青睐。

5. 二十年来湖南油茶产业布局变化情况

二十年来,湖南油茶产业结构不断变化,逐步向优势区域集中。从各市(州)来看,衡阳市、永州市、株洲市、郴州市的油茶籽产量占全省的 60% 以上(见表 12-2)。

表 12-2 2018 年湖南各市(州)油茶籽情况

市州名称	产量/t	占全省比重/%	排位
衡阳市	210 638	20.84	1
永州市	150 408	14.88	2
株洲市	137 606	13.61	3
郴州市	111 280	11.01	4
邵阳市	98 997	9.79	5
长沙市	68 641	6.79	6
常德市	61 373	6.07	7

续表

市州名称	产量/t	占全省比重/%	排位
怀化市	56 521	5.59	8
岳阳市	29 519	2.92	9
益阳市	23 656	2.34	10
娄底市	21 561	2.13	11
湘西州	20 181	2.00	12
湘潭市	10 698	1.06	13
张家界市	9 765	0.97	14

注：数据来源于湖南省统计局历年内部资料。

从县域来看，2018 年全省 122 个县（市、区）中，有 110 个县（市、区）有油茶籽产量，其中 1 万 t 以上的油茶籽生产县（市、区）32 个，排在前四位的邵阳县、浏阳市、衡东县、耒阳市油茶籽产量分别为 6.53 万 t、5.80 万 t、4.81 万 t 和 4.80 万 t（见表 12-3）。全省油茶林面积 3333.33 hm² 以上的县（市、区）有 74 个，3.33 万 hm² 以上的有 11 个。

表 12-3　2018 年湖南油茶籽生产情况

县（市、区）	产量/t	排名	县（市、区）	产量/t	排名
邵阳县	65 300	1	宁远县	18 930	17
浏阳市	58 000	2	茶陵县	18 700	18
衡东县	48 125	3	东安县	18 240	19
耒阳市	48 000	4	鼎城区	16 518	20
常宁市	44 000	5	桂阳县	15 502	21
攸县	40 000	6	祁东县	15 000	22
渌口区	33 800	7	中方县	14 710	23
醴陵市	33 517	8	安仁县	12 600	24
永兴县	32 000	9	冷水滩区	12 530	25
道县	31 797	10	邵东市	12 500	26

续表

县（市、区）	产量/t	排名	县（市、区）	产量/t	排名
衡南县	29 000	11	溆浦县	12 380	27
祁阳市	23 946	12	安化县	11 301	28
江华县	21 360	13	汉寿县	11 029	29
平江县	21 100	14	蓝山县	10 848	30
衡阳县	20 003	15	苏仙区	10 620	31
桃源县	19 152	16	辰溪县	10 200	32

注：数据来源于湖南省统计局历年内部资料。

湖南油茶生产大县主要分布在湘南地区，历年来稳居油茶产量前十的县（市、区）是浏阳市、衡东县、耒阳市、常宁市、攸县、醴陵市。

二、制约湖南油茶产业健康发展的因素

1. 林地分散，未形成规模化经营

湖南油茶种植面积广，但分布较散。油茶林切割分片到户后，每户实际管理的油茶林面积很少，农户种植管理的积极性不高，受传统"人种天养"思想的影响，在人力和物力上均投入不大。因此，目前湖南绝大多数油茶林失于管理，处于荒、残、老、劣的半野生状态，油茶的生产潜力远没有获得充分发挥。只有将分散的小面积油茶林集中管理，形成规模化经营，才可能实现产业化发展。

2. 低产林面积大，低改任务重

全省油茶林按出油量多少大致可分为四类：立地条件很好，林相整齐，年产油 15 g/m² 以上的油茶林面积仅占 5%；立地条件好，年产油 7.5～15 g/m² 的面积占 25%；立地条件较好，年产油 1.5～7.5 g/m² 的面积占 40%；立地条件差，长期与乔、灌木混生，年产油低于 1.5 g/m² 的油茶林约占 30%。全省约有 30% 的油茶林是新中国成立前就存在的，产值低下、效益不高，严重

挫伤了农户生产的积极性，老油茶林的弃耕现象严重。油茶低改任务重。

3. 前期投资成本高，制约产业发展

新建油茶林每亩前三年总投入平均要超过 5 000 元，并且在第四年才逐渐进入采摘期，第八年进入盛产期，生产周期较长，投资回收压力大，管理压力大，一般农户难以承受，故短期内无法解决农民致富的问题，在一定程度上影响了农民开发油茶产业的积极性。

4. 加工现代化及精深加工发展不足，产业链有待完善

一些老产区对油茶产品的开发利用大多采取土制方法，自产自食自销，大部分油茶加工作坊设备原始、落后，出油率低，产业链短，综合利用水平不高，难以实现油茶产品的多层次加工增值，造成油茶资源大量浪费，对茶皂素、茶蛋白、茶籽多糖等油茶副产品的开发力度不够。油茶产业的经济效益未能充分体现，群众生产积极性难以充分调动。

三、油茶种植基地布局需要考虑的主要因素

1. 气象条件

油茶喜温暖湿润气候，要求年平均气温 14～21 ℃，年平均降水量在 1 000 mm 以上，且四季降水量分配均匀，日照 1 800～2 200 h，≥10 ℃的积温为 4 250～7 000 ℃。

2. 地形条件

海拔 500 m 以下，避风向阳的丘陵、山地、平原。

3. 土壤条件

对土壤要求不严，适应性很强，能耐较瘠薄的土壤，在 pH＝4.5～6.5 的酸性、微酸性的红壤或黄壤上均可正常生长发育，碱性土中不宜种植。油茶在土层浅薄、肥力较低的土壤虽能生长发育，但产量低、大小年显著。如果土层深厚、疏松肥沃、排水良好，油茶结实丰满，产量及出油率均高。

4. 产业特色

按照《湖南省"一县一特"主导特色产业发展指导目录》布局油茶基地。

四、油茶生产基地中长期布局建议

1. 适宜性评价

（1）指标选取与权重确定

各地因气候、海拔不同，对油茶的生长发育、开花结实的影响也不同。综合考虑各县以上因素，进行适宜性因子筛选。油茶适宜性评价选取的指标包括年平均温度、≥10 ℃的积温、日照时数、年平均降水量、海拔、土壤类型、相对湿度7个因子作为油茶生长发育适宜性评价指标，并通过专家打分法与层次分析法得到各指标权重。

（2）适宜等级划分

根据油茶生长期对各个指标条件的要求，将适宜等级划分为最优区、优势区、其他3个等级，并分别赋分值为100、80、60（见表12-4）。

表 12-4 油茶适宜性评价指标、权重

指标	权重	最优区（100）	优势区（80）	其他（60）
年平均温度	0.15	16～18 ℃	14～16 ℃，18～21 ℃	<14 ℃，>21 ℃
≥10 ℃的积温	0.15	6 286～6 337 ℃	4 250～6 286 ℃，6 337～7 000 ℃	<4 250 ℃，>7 000 ℃
日照时数	0.13	1 800～2 200 h，10—12 月>100 h	1 800～2 200 h，10—12 月<100 h	<1 800 h，>2 200 h
年平均降水量	0.12	1 500～2 000 mm，7—9 月450～550 mm，9 月150～200 mm	1 000～1 500 mm（四季分配）	<1 000 mm
海拔	0.20	<300 m	300～500 m	>500 m

续表

指标	权重	最优区（100）	优势区（80）	其他（60）
土壤类型	0.10	pH＝4.5～6.5 的红壤、黄壤，土层厚度在 70 cm 以上	薄层红壤、黄壤	碱性土壤
相对湿度	0.15	80％～90％	70％～80％	＜70％

2. 适宜性综合评价

采用加权指数求和法计算各评价单元综合分值，将油茶适宜性综合分值排序，评价全省油茶种植气象、海拔、土壤适宜性程度，划分为最优区和优势区 2 个级别：最优区，适宜度 $C \geqslant 80$；优势区，适宜度 $60 \leqslant C < 80$。分值越高，油茶种植区域适宜性程度越高。油茶适宜性评价结果见表 12-5。

表 12-5　油茶适宜性评价结果

分区	综合分值	县（市、区）
最优区	$C \geqslant 80$	浏阳市、汝城县、蓝山县、江华县、衡阳县、衡南县、衡东县、衡山县、祁东县、耒阳市、邵东市、邵阳县、平江县、鼎城区、武陵区、汉寿县、临澧县、常宁市、望城区、宁乡市、渌口区、醴陵市、攸县、茶陵县、炎陵县、桃源县、桂阳县、永兴县、临武县、桂东县、安仁县、资兴市、零陵区、冷水滩区、东安县、道县、新邵县、隆回县、绥宁县、城步县、武冈市、苏仙区、桃江县、安化县、湘乡市、汨罗市、永定区、鹤城区、中方县、辰溪县、溆浦县、会同县、宜章县、嘉禾县、祁阳市、江永县、宁远县、北湖区、新田县、通道县、洪江市、双峰县、新化县、涟源市、芷江县、泸溪县、永顺县、古丈县
优势区	$60 \leqslant C < 80$	长沙县、新宁县、双牌县、麻阳县、靖州县、保靖县、洞口县、湘潭县、吉首市、岳阳楼区、安乡县、澧县、津市市、云溪区、石门县、君山区、岳阳县、华容县、湘阴县、临湘市、资阳区、赫山区、南县、沅江市、沅陵县、新晃县、武陵源区、慈利县、桑植县、南岳区、龙山县、凤凰县、花垣县、冷水江市、娄星区、韶山市、大祥区、北塔区、芙蓉区、天心区、岳麓区、开福区、雨花区、荷塘区、芦松区、石鼓区、天元区、珠晖区、雁峰区、石鼓区、蒸湘区、雨湖区、岳塘区、双清区

3. 优势区域布局

湖南为全国油茶的优势产区。根据 122 个县（市、区）的气象、海拔、土壤等条件分析，结合《湖南省"一县一特"主导特色产业发展指导目录》，湖南油茶产业最优区包括 68 个县（市、区），优势区包括 54 个县（市、区）。将全省划分为 2 个油茶产业优势片区，即湘东湘南油茶优势片区和湘西湘北油茶优势片区。

（1）湘东湘南油茶优势片区

区域范围包括长沙市、株洲市、衡阳市、郴州市、永州市、岳阳市、娄底市部分县（市、区），以浏阳市、醴陵市、攸县、茶陵县、渌口区等 17 个县（市、区）为中心，辐射宁乡市、炎陵县、湘乡市、祁东县、衡山县等 49 个县（市、区），此区域油茶产业产值约占全省油茶产值的 70%。此区域主要加强油茶科技创新，建设油茶良种繁育基地和高产油茶林基地，打造全国油茶特色生产优势区；加强油茶新品种、新技术、工程装备的研发和应用推广，打造全国一流的油茶科技创新和科技推广示范区、工程装备示范区；加强高产油茶林基地建设，优化茶油加工布局，扶持、培育龙头加工企业，打造油茶全产业链生产示范区；加强茶油产品质量检测、产权交易、仓储物流建设，打造市场体系建设示范区；创建区域特色品牌。

（2）湘西湘北油茶优势片区

区域范围包括邵阳市、常德市、怀化市、湘西州、张家界市、娄底市、益阳市部分县（市、区），以邵阳县、鼎城区、临澧县、桃源县、中方县、辰溪县、永顺县 7 个县（市、区）为中心，辐射绥宁县、邵东市、隆回县、新邵县、城步县、武冈市、汉寿县、武陵区、石门县等 49 个县（市、区），此区域油茶产业产值约占全省油茶产值的 30%。此区域主要探索油茶产业精准扶贫模式；加强绿色有机茶油生产，大力发展油茶林下经济，用好"互联网＋"油茶产业，创新茶油销售模式；结合湘西丰富的旅游资源，重点打造油茶文化生态旅游示范区。

第十三章　湖南油菜产业空间布局研究

一、湖南油菜产业现状

1. 生产规模波动增长

2010—2018 年，全省油菜种植面积从 $1\,089\times10^3$ hm² 扩大到 $1\,222\times$ 10^3 hm²（见表 13-1），年平均增长率 1.45%，占全国总面积的比重由 2010 年的 10.47% 上升到 2018 年的 18.66%，自 2015 年以来稳居全国第一。总产量从 166.62 万 t 增加到 204.17 万 t，年平均增长率 2.57%，占全国总产量的比重由 2010 年的 2.28% 上升到 2018 年的 15.37%，位居全国第三位。2017 年，因棉-油轮作模式受南方棉区面积压缩的影响，全省油菜面积减少。

表 13-1　湖南历年油菜生产情况

年份	播种面积 / （×10³ hm²）	油菜籽单产 / （kg/hm²）	油菜籽总产量 /t
2010	1 089	1 530	1 666 214
2011	1 167	1 559	1 819 606
2012	1 201	1 486	1 785 723
2013	1 260	1 545	1 946 089
2014	1 298	1 561	2 026 471
2015	1 313	1 604	2 108 109
2016	1 307	1 611	2 105 699

续表

年份	播种面积 / （×10³ hm²）	油菜籽单产 / （kg/hm²）	油菜籽总产量 /t
2017	1 189	1 646	1 956 971
2018	1 222	1 671	2 041 729

注：数据来源于湖南省统计局历年内部资料。

2. 种植品种实现双低化

据统计，湖南双低油菜品种覆盖率达 98.1％。双低油菜是指菜饼中硫代葡萄糖苷（简称硫苷）含量低于 30 μmol/g，菜油中芥酸含量低于 3％的油菜品种。双低油菜具有许多优势，其芥酸和硫苷含量比普通油菜的低很多，由双低油菜籽制取的菜籽油营养价值比双高菜籽油高一倍，双低菜籽油目前被认为是良好的食用植物油，被誉为草本油料中的"东方橄榄油"。除洞庭湖区仍有少量的芥菜型油菜外，湖南已实现油菜种植品种的双低化。双低油菜品种的普及，改变了湖南食用油消费的传统观念，双低菜籽油已成为湖南农村家庭的主要食用油。过去以茶油和动物油为主要食用油的湘东、湘南、湘西等丘陵山区，也因为油菜品种的双低化接受了菜籽油。

3. 种植模式以稻-油轮作为主

近年来，湖南油菜生产模式已发生明显的变化，稻-油轮作模式发展迅速，已成为全省油菜生产的主体模式（见表 13-2）。根据全省统计数据，2016 年稻-油轮作模式种植面积已由 2007 年的 455.31×10³ hm² 增加到 790.29×10³ hm²，增幅 73.57％，占全省油菜播种面积的 60.47％；稻-稻-油种植面积已由 2007 年的 614.53×10³ hm² 减少至 369.41×10³ hm²，减幅 40％，占全省油菜播种面积的 28.26％。其他几种主要生产模式中，棉-油轮作模式受南方棉区面积压缩的影响，种植面积断崖式下滑；稻-稻-油三熟制轮作模式受生产季节紧张和双季稻种植面积减少的影响，推广难度越来越大；旱作-油菜种植面积相对稳定。

127

表 13-2　湖南历年油菜轮作情况

年份	稻-稻-油种植面积/（$\times 10^3$ hm²）	稻-油种植面积/（$\times 10^3$ hm²）
2007	614.53	455.31
2008	759.18	454.52
2009	595.05	453.28
2010	618.20	431.04
2011	716.00	385.00
2012	691.00	392.00
2013	589.00	502.00
2014	430.06	723.19
2015	415.15	745.58
2016	369.41	790.29
2017	269.55	576.60

注：数据来源于湖南省统计局历年内部资料，其中 2017 年数据为调研数据。

4. 产业化经营步伐加快推进

近年来，油菜种植大户、家庭农场、合作社等新型经营主体不断涌现，在油菜种植效益不高、散户种植萎缩的情况下，为拉动湖南油菜产业发展发挥了不可小觑的作用。湖南油菜生产重点县（市、区）积极推进土地流转或季节性土地流转，据农业部门初步统计，2016 年秋冬种植油菜 30 亩以上的种植大户达到 9 049 户，比上年增加 320 户；油菜生产专业合作社 118 个，比上年增加 12 个；种植大户和专业合作社覆盖面积 135.3$\times 10^3$ hm²，比上年增加 7.3$\times$ 10^3 hm²，开展专业化、社会化服务面积达到 198$\times 10^3$ hm²，比上年增加 18$\times$ 10^3 hm²。

5. 多功能开发来势较好

油菜除了传统的油用之外，还具有菜用、肥用、蜜用、观花休闲等多种功能。近年来，全省有多地结合油菜生产开展了各种形式的油菜花节旅游活动，各地发展油菜观花休闲积极性较高，增收效果较好。2018 年，湖南 18 个县

（市、区）举行了油菜花节。肥用油菜：油肥 1 号品种，在华容县开始大面积示范种植，面积达到 5 万亩。菜用油菜：油菜薹口感好，营养高，是城乡居民喜爱的一种蔬菜，在南县、沅江市、醴陵市等县（市、区）专门用作蔬菜种植。蜜用油菜：各地油菜连片种植面积较大的地方，大都吸引了蜜蜂养殖专业户前来放蜂采蜜。

6. 二十年来湖南油菜产业布局变化情况

二十年来，湖南油菜产业结构持续变化，不断向洞庭湖及周边地区聚集。从各市（州）来看，排前五位的常德、衡阳、益阳、岳阳、怀化合计油菜播种面积占全省的比重达 65.06%（见表 13-3）。全省 21 个油菜生产重点县，有 13 个位于洞庭湖区，其播种面积及油菜籽产量均超过全省总量的 50%。

表 13-3　2018 年湖南各市（州）油菜播种面积情况

市（州）	播种面积/（×10³ hm²）	占全省比重/%	排位
常德市	291	23.81	1
衡阳市	174	14.24	2
益阳市	118	9.66	3
岳阳市	108	8.84	4
怀化市	104	8.51	5
邵阳市	84	6.87	6
永州市	69	5.65	7
郴州市	54	4.42	8
长沙市	51	4.17	9
湘西州	42	3.44	10
张家界市	39	3.19	11
株洲市	37	3.03	12
娄底市	29	2.37	13
湘潭市	22	1.80	14

注：数据来源于湖南省统计局历年内部资料。

从县域来看，2018 年全省 122 个县（市、区）中，油菜籽产量过 1 万 t 的县（市、区）有 57 个，其中排前四位的分别为桃源县、澧县、汉寿县、鼎城区，油菜籽产量分别为 10.86 万 t、8.57 万 t、7.95 万 t 和 7.83 万 t（见表 13-4）。

表 13-4 2018 年湖南油菜主产县油菜生产情况

县（市、区）	产量/t	排名	县（市、区）	产量/t	排名
桃源县	108 559	1	洞口县	34 688	16
澧县	85 673	2	祁东县	32 896	17
汉寿县	79 519	3	祁阳市	30 937	18
鼎城区	78 337	4	常宁市	30 654	19
安乡县	74 980	5	安化县	29 958	20
衡阳县	67 685	6	津市市	28 439	21
南县	67 490	7	衡东县	28 230	22
华容县	65 750	8	邵东市	27 240	23
沅江市	62 700	9	桃江县	26 910	24
衡南县	53 297	10	溆浦县	26 525	25
临澧县	53 053	11	安仁县	24 931	26
石门县	49 318	12	辰溪县	24 277	27
浏阳市	48 543	13	邵阳县	24 010	28
耒阳市	45 595	14	岳阳县	23 273	29
慈利县	38 823	15	平江县	20 043	30

注：数据来源于湖南省统计局历年内部资料。

湖南油菜生产大县主要分布在湘北和湘南地区，历年来稳居油菜产量前二十的县（市、区）为桃源县、澧县、南县、汉寿县、衡阳县、华容县、鼎城区、安乡县、衡南县、沅江市、临澧县和耒阳市。

二、制约湖南油菜产业健康发展的因素

1. 种植效益不高

2018 年湖南油菜平均亩产 111 kg，低于同处长江中下游油菜种植区域的湖北（湖北有些县平均亩产能达到 215 kg 左右），也低于全国平均亩产135 kg。按市场价 5 元/kg 计，每亩平均产值 555 元，扣除物化成本 120 元和人工成本 300 元，每亩平均纯收入 135 元，比种植水稻少 200～400 元。

2. 种植品种暂未区域规模化布局

油菜品种多、乱、杂，油菜混种、混收、混加工现象普遍存在，优质产品难以开发，成为制约双低菜籽油进一步发展的主要因素。由于供种渠道多，不能实现统一供种，2018 年全省推广种植的油菜品种为 130 种以上。全省油菜生产虽然优质良种推广速度快、应用面积大，但品种过多，在区域布局上还存在种植较为分散、布局较为杂乱等问题，不能真正实现"一镇一品""一村一品"的规模化格局。

3. 机械化程度不高

2018 年全省油菜机耕面积 1 114.30×10^3 hm^2、机播面积 359.82×10^3 hm^2、机收面积 586.31×10^3 hm^2，分别占总面积的 91.19％、29.45％、47.98％。目前，机械化程度不高与农村劳动力短缺的矛盾在一定程度上制约了油菜产业的发展，通过提升油菜生产机械化水平、降低人工投入，实现节本增收还存在很大的空间。此外，山区应用机械、旱地应用机械缺乏，特别是目前联合收割机损失率居高不下的问题，制约了油菜机械化生产的发展。

三、油菜种植基地布局需要考虑的主要因素

1. 气象条件

油菜的感温性。油菜一生中必须通过一段温度较低的时间才能现蕾、开花、结实，否则就会停留在营养生长阶段，这一特性称为感温性。

油菜的感光性。在油菜生长发育阶段必须达到一定的光照时长才能现蕾、开花的特性称为感光性。油菜是长日照作物，每日光照 14 h 以上提早现蕾、开花，少于 12 h 延迟现蕾开花。多数春油菜感光性强。根据不同品种和不同地理起源，油菜又可分为强感光型和弱感光型。

发芽出苗期的温度水分要求。种子发芽以土壤水分为田间最大持水量的 60%～70% 较适宜。最适宜温度度为 25 ℃，低于 3 ℃，高于 37 ℃ 都不利于发芽。在田间土壤水分适宜条件下，当日平均温度为 16～20 ℃ 时，播后 3～5 天出苗；当日平均温度为 5 ℃ 以下时，则 20 多天才能出苗。

苗期的温度、水分要求。苗期生长适宜的温度为 10～20 ℃。水分要适宜，一般为田间最大持水量的 70% 以上。

开花期的温度、水分要求。油菜开花期需要一定环境条件，温度为 12～20 ℃，最适宜温度为 14～18 ℃。早熟品种适宜温度偏低，迟熟品种适宜温度偏高。开花期适宜的相对湿度为 70%～80%，土壤湿度应为田间最大持水量的 85% 左右。

2. 地形条件

不同海拔和纬度对油菜产量的影响主要是通过温度和光照的差异起作用的。海拔越高，千粒重越大，但由于温度相对较低，单株有效分枝和有效角果数及每果的粒数则相对较少。油菜籽粒含油量随着海拔和纬度的升高而提高。

3. 土壤条件

油菜对土壤酸碱度的要求为 pH＝5～8，而弱酸性或中性最为有利。油菜也能忍受盐碱土壤，在含盐量为 0.2%～0.26% 的土壤中能正常生长。油菜最忌土壤僵板不透气，若土壤板结，播种时种子不能发芽；出土易烂种；幼苗期植株苗易固化老死；移栽时不易发新根，幼苗生长缓慢甚至死亡。

4. 产业特色

按照《湖南省"一县一特"主导特色产业发展指导目录》、湖南"两区"划定任务布局油菜基地。

四、油菜生产基地中长期布局建议

1. 适宜性评价

（1）指标选取与权重确定

综合考虑全年平均温度、全年温度范围、≥10 ℃的积温、年平均降水量、土壤条件、灾害性天气等因素对油菜品质及生长的影响，结合油菜生长习性，立足油菜生长实际情况，进行适宜性因子筛选。油菜适宜性评价选取的指标包括各生长期日平均温度、≥10 ℃的积温、每日光照时数、平均降水量、土壤类型、海拔 6 个因子作为油菜适宜性评价指标，结合德尔菲法和层次分析法建立层次结构模型，构造相应的权重判断矩阵，最后得到湖南油菜适宜性评价因子层次结构以及评价因子的权重体系。

（2）适宜等级划分

根据油菜生长期对各个指标条件的要求，将适宜等级划分为最优区、优势区、其他 3 个等级，并分别赋分值为 100、80、60（见表 13-5）。

表 13-5　油菜适宜性评价指标、权重

指标	权重	最优区（100）	优势区（80）	其他（60）
日平均温度	0.26	9—10 月 16～25 ℃， 11 月—次年 2 月 10～20 ℃， 次年 4 月 14～18 ℃	9—10 月 5～16 ℃，25～36 ℃； 11 月—次年 2 月 5～10 ℃，20～36 ℃； 次年 4 月 12～14 ℃，18～20 ℃	9 月—次年 2 月 <5 ℃，>36 ℃ 次年 4 月 <12 ℃，>20 ℃
9 月下旬—12 月下旬≥10 ℃的积温	0.15	>1 500 ℃	1 200～1 500 ℃	<1 200 ℃
每日光照时数	0.26	>14 h	12～14 h	<12 h

续表

指标	权重	最优区（100）	优势区（80）	其他（60）
平均降水量	0.11	900～1 100 mm	700～900 mm， 1 100～1 200 mm	>1 200 mm， <700 mm
土壤类型	0.12	pH=5.8～6.7 的红壤、黄壤	pH=3.5～5.8 和6.7～8.0的 红壤、黄壤	pH>8 和 pH<3.5 的土壤
海拔	0.10	>500 m	200～500 m	<200 m

（3）适宜性综合评价

采用加权指数求和法计算各评价单元综合分值，将油菜适宜性综合分值排序，评价全省油菜种植气象、土壤和海拔适宜性程度，划分为最优区和优势区2个级别：最优区，适宜度 $C \geqslant 80$；优势区，适宜度 $60 \leqslant C < 80$。分值越高，油菜种植区域适宜性程度越高。油菜适宜性评价结果见表13-6。

表13-6 油菜适宜性评价结果

分区	综合分值	县（市、区）
最优区	$C \geqslant 80$	鼎城区、安乡县、汉寿县、澧县、临澧县、桃源县、石门县、津市市、南县、桃江县、安化县、沅江市、资阳区、赫山区、云溪区、君山区、岳阳县、华容县、湘阴县、平江县、汨罗市、临湘市、永定区、慈利县、桑植县、吉首市、泸溪县、凤凰县、花垣县、保靖县、古丈县、永顺县、龙山县、中方县、沅陵县、辰溪县、溆浦县、会同县、麻阳县、新晃县、芷江县、靖州县、通道县、洪江市、鹤城区、望城区、长沙县、宁乡市、浏阳市、渌口区、攸县、茶陵县、炎陵县、醴陵市、湘潭县、湘乡市、衡阳县、衡南县、衡东县、祁东县、耒阳市、常宁市、衡山县、邵东市、新邵县、邵阳县、隆回县、洞口县、绥宁县、新宁县、城步县、武冈市、苏仙区、桂阳县、宜章县、永兴县、嘉禾县、临武县、汝城县、桂东县、安仁县、资兴市、零陵区、冷水滩区、祁阳市、东安县、道县、江永县、宁远县、蓝山县、新田县、江华县、娄星区、双峰县、新化县、冷水江市、涟源市

续表

分区	综合分值	县（市、区）
优势区	60≤C＜80	芙蓉区、天心区、岳麓区、开福区、雨花区、荷塘区、芦淞区、石峰区、天元区、雨湖区、岳塘区、韶山市、珠晖区、雁峰区、石鼓区、蒸湘区、南岳区、双清区、大祥区、北塔区、岳阳楼区、武陵区、武陵源区、北湖区、双牌县

2. 优势区域布局

根据 122 个县（市、区）的气象、土壤、海拔等条件分析，结合《湖南省"一县一特"主导特色产业发展指导目录》，湖南为油菜的优势种植区，应在坚持原有种植优势格局的基础上，因地制宜，寻求新发展。湘中和湘南：主攻面积和单产，在探索山地高产种植模式的基础上，倡导大田冬种油菜，做到养地和效益相结合；发展生态观光旅游，进行油菜多功能开发。湘北：主攻单产和良繁，利用其良好的种植传统经验和区域隔离条件，建设一个能长远服务全省良种更新换代的良繁基地。

①最优区。包括鼎城区、安乡县、汉寿县、澧县、临澧县、桃源县、石门县、津市市、南县、桃江县等 97 个县（市、区）。应着重推动油菜"三高两低"新品种选育，实现单产和品质稳步提升，抗逆性显著增强。

②优势区。包括芙蓉区、天心区、岳麓区、开福区、雨花区、荷塘区、芦淞区、石峰区、天元区等 25 个县（市、区）。推广油菜"三高两低"优良新品种，加快油菜菜用、花用和肥用等多用途开发。

第十四章　湖南中药材产业空间布局研究

一、湖南中药材产业现状

1. 种植面积不断增长，规模不断扩大

湖南是药材资源大省，在全国 361 个常用重点中药材品种中，湖南拥有 241 个，品种之多居全国第二位。随着中药产业的迅速发展，中药材的需求急剧增加，中药材种植面积也不断扩大，到 2018 年，中药材种植面积约 400 万亩，初步形成了茯苓、吴茱萸、玉竹、百合、龙脑樟、蕲蛇、玄参、栀子等一批国家中药材生产扶持种植项目基地。建设了邵阳廉桥、长沙高桥两个国家级中药材市场和靖州茯苓、湘潭湘莲等在全国范围具有一定影响力的特色药材集散地。2018 年，全省中药产业链规模企业 372 家，主营业务收入 571.3 亿元，同比增长 10.7%。

2. 种植品种不断增加，种植模式多样

近十年来，大宗中药材品种人工栽培品种面积近 200 万亩，全省栽培的中药材品种发展到 80 余个。同时，针对中药材种植的特殊性，各地选择适合本地气候条件、农民易于接受的中药材品种，探索了林-药套种、粮-药套种、药-果套种、药-蔬套种、水旱轮作等多种实用的种植模式。目前，全省中药材种植结构呈现多样化发展趋势，中药材生产方式已逐步由以采集野生资源为主向保护抚育、集约化种植和规范化种植转变。

2019 年湖南正式公布了"湘九味"品牌药材品种为湘莲、山银花、百合、

玉竹、黄精、杜仲、枳壳（实）、茯苓、博落回。据统计，"湘九味"品牌药材品种种植面积超 100 万亩，见表 14-1。

表 14-1　2019 年湖南"湘九味"品牌药材种植面积与产量生产情况

中药材	面积/万亩	产量/万 t
湘莲	40	8
百合	20	20
山银花	20	1.5
杜仲	20	20
玉竹	12	12
黄精	8	1.5
枳壳（实）	6	0.9
博落回	4	0.8
茯苓	0.9	1
合计	130.9	65.7

3. 地域特色更加明显，集聚带动效应持续增强

经过多年的发展，各地形成了具有县域特色的中药材品种，如隆回山银花、宝庆龙牙百合、龙山卷丹百合、邵阳玉竹、靖州茯苓、沅江枳壳、平江白术、湘中地区的黄栀子、新晃吴茱萸、芷江龙脑樟、怀化女贞子、怀化虫蜡、洪江鱼腥草、慈利三木药材（杜仲、黄柏、厚朴）、安江天麻、麻阳旱半夏、湘西黄精及白芨、新宁博落回等道地药材品种驰名中外。地域特色更加明显，如慈利被授予"杜仲之乡"，靖州为"茯苓之乡"，隆回为"中国金银花之乡""中国龙牙百合之乡"。

部分中药材种植区建立了中药材交易市场，建设了邵阳廉桥、长沙高桥两个国家级中药材市场和靖州茯苓、湘潭湘莲等在全国范围具有一定影响力的特色药材集散地。邵阳廉桥市场有药商经营户 800 余家，年交易额近 70 亿元，交易品种 1 000 余个。全省中药材流通呈现"点面结合"的发展状态，药材物流网络已经遍布全省。全国中药材物流实验基地——怀化博世康中药材仓储物流中心已投入使用。广药集团、汉广集团、海药集团分别在安仁、龙山、邵东等县（市、区）投资兴建药材仓储物流基地。湖南道地药材借助湖南进出口企业远销欧美、东南亚国家及地区。

4. 科研体系不断完善，技术推广不断加强

已建成国家植物功能成分利用工程技术研究中心、国家中药材生产（湖南）技术中心和道地药用植物规范化栽培与综合利用湖南省工程实验室等国家、省部级科研平台，湖南省新兴中药配方颗粒工程研究中心有限公司、湖湘中药资源保护与利用 2011 协同创新中心、湖南省药食同源功能性食品工程技术研究中心等多个中药资源与综合利用研究平台，形成湖南省中药材产业创新体系。2014 年在湖南省经济和信息化委员会、湖南省农业委员会等相关单位指导下，湖南省内从事中药材研究的高等院校、科研院所、种植和加工企业、种植专业合作社等多家单位共同发起，成立了"湖南省中药材产业（联盟）协会"，会员单位已发展到 1 000 余家。各地针对当地生产需要，通过产学研结合，陆续开展了一些中药材野生变家种、引种栽培、规范化栽培等实用技术研究和推广工作，将中药材种植纳入农业技术推广和服务范围，加大对农技人员和药农的培训力度。全省中药材种植科研能力和技术水平得到进一步加强，从事中药材种植技术推广的技术人员迅速增加，支撑中药农业发展的科技支撑体系初步建立。湖南省中药材产业技术服务平台建设初具规模，在工业和信息化部和湖南省经济和信息化委员会的支持下，湖南省湘九味中药材开发有限公司已建设了湖南省中药材产业技术服务、信息、交易公共服务平台。

5. 近年来中药材产业布局变化情况

（1）由山地丘陵野生种植向低山平原人工种植扩展

早期的中药材产区主要集中在武陵山片区、雪峰山片区、罗霄山脉片区、南岭片区，近十年由于中药材价格的提升，农民种植中药材的积极性空前提高，山地丘陵区的农户开始尝试在低产田或低山旱地进行人工种植，低山平原地区的农户也开始尝试引种。各地开始挖掘中药材种质资源,目前长株潭区、洞庭湖区也开始了湘莲、枳壳(实)、百合、药用桑、黄精等中药材的种植,并形成了一定的种植规模。

(2)认定一批中药材种植基地示范县

随着中药材需求量的增加,中药材种植面积不断扩大,中药材种植生产方式也逐步由以采集野生资源为主向保护抚育、集约化种植和规范化种植转变,部分县(市、区)立足区域中药材资源特色,形成了一批中药材种植基地,成为湖南重要的中药材产区。2016年,由湖南省经济和信息化委员会、湖南省科技厅等8个省厅委联合认定邵东市、隆回县、慈利县、安仁县、桂阳县、新化县、龙山县、洪江县8个县为湖南第一批中药材种植基地示范县。2018年认定安化县、祁东县、平江县、桑植县、新田县、花垣县、桂东县、双牌县8个县为湖南第二批中药材种植基地示范县。获认定的县在野生中药材资源保护、湘产优质中药材培育、中药材产业链技术创新等方面更具示范带动和辐射作用。

二、制约湖南中药材产业健康发展的主要因素

1. 种植技术落后,机械化程度相对较低

湖南中药材种植地区多以丘陵、山地为主,因受地形限制,很难进行机械化作业,基本还是依靠药农人工耕作,种植技术落后,效率低下。部分经济水平高、农地条件好的地方可以实现机耕,但种植管理、采收仍以人工劳作为主。

2. 盲目跟风引种,药材种源质量难保证

自2010年中药材价格暴涨以来,农民种植的积极性不断提高,除了一些传统的药材种植区不断扩大种植规模以外,还涌现出不少新的产区,这些新产区原来种粮食的土地用来种植中药材,更有部分地区盲目引种,导致部分药材引种后分化、退化、种源混淆,品质下降。

3. 管理采收粗放，药材品质大打折扣

中药材种植属低门槛行业，只要有土地和人力就可以种植。目前我国中药材种植技术不规范，种植户在田间管理上比较粗放，在使用化肥、农药时也没有标准可言，往往造成中药材出现农药残留、重金属超标问题。在中药材采收加工过程中，对药材的采收时间把握不准、加工粗放、滥用硫黄等也严重地影响药材的质量。

4. 种植基地建设滞后，优质高效培育模式亟待完善

中药材种植基地基础设施较落后，许多道地药材的培育种植往往集中在基础条件差、交通不便利的山区，基地道路、灌溉、供电等配套基础设施条件有待改善。部分中药材品种的栽培过度园艺化，按照果蔬等园艺产品种植技术进行管理，大肥大药，盲目追求产量，不注重药材的质量，生态种植模式缺乏，亟待归纳总结和推广。中药材优质高效培育技术体系亟须完善，林下生态栽培、野生种驯化栽培、大田栽培、种苗高效繁育等关键技术尚需突破。各品种的病虫草害绿色防控技术体系亟须完善，以解决目前普遍存在的滥用农药、大量施用化肥、忽视中微量元素的应用导致的农药残留量超标、重金属污染等突出问题。全省应大力推进中药材生态种植。湖南山地丘陵面积广，地理环境多态性丰富，具有发展生态栽培的天然优势，可以推广仿野生栽培模式、农田平原立体模式等为主要生态种植模式。目前湖南黄精应用林下仿野生种植的面积较大，其他品种可以根据其生态适宜性和原产地环境特点开展生态种植。

三、中药材生产基地布局需要考虑的主要因素

本次适宜性评价主要选取湖南道地药材中的五个药材品种，分别为湘莲、玉竹、山银花、百合、枳壳（实）。

道地药材，又称为地道药材，是优质中药材的代名词，指药材质优效佳。这一概念源于生产和中医临床实践，数千年来被无数的中医临床实践所证实，是源于古代的一项辨别优质中药材质量的独具特色的综合标准，也是中药学中

控制药材质量的一项独具特色的综合判别标准。通俗来讲，道地药材就是指在特定自然条件和生态环境的区域内所产的药材，并且生产较为集中，具有一定的栽培技术和采收加工方法，质优效佳，为中医临床所公认。

1. 气象条件

①湘莲。适宜生长温度为 15～30 ℃，平均昼夜温差在 7.8～8.1 ℃时有利于增加淀粉含量和促进蛋白质、多种氨基酸、维生素的合成。当气温为 35 ℃以上时，授粉率降低，空壳明显增加。气温下降到 15 ℃以下时，莲苗逐步停止生长，地上部分慢慢枯萎，地下部分进入休眠期。从移栽到新藕形成，湘莲一生需 10 ℃以上有效积温 2 800～3 000 ℃。湘莲为喜光植物，喜晴朗天气，阴凉少光不利于其生长，叶片易出现病斑。

②玉竹。对气候适应性强，较耐寒，喜光，但又怕强光照射。最适生长温度为 15～25 ℃，一般月平均降水量在 150～200 mm 时地下根茎发育最佳；月平均降水量在 25～50 mm 时生长缓慢。土壤积水或过于干燥，均不利于玉竹生长。

③山银花。适宜的生长温度为 15～25 ℃，山银花对温度适应范围很广，冬季在－30 ℃可安全越冬，春季当气温在 5 ℃以上时开始萌芽展叶，适宜生长温度为 20～30 ℃，花芽分化适宜温度为 15 ℃，但 35 ℃以上的高温对其生长有不利影响。喜光，耐阴，喜温暖，又耐寒，耐干旱和水湿。湿润且光照充足的生长环境最好，长势会更加旺盛。

④百合。性喜半阴，最适宜生长温度是 16～24 ℃，能耐干旱，怕炎热酷暑，怕涝。生长、开花温度为 16～24 ℃，冬季夜间温度低于 5 ℃持续 5～7 天，花芽分化、花蕾发育会受到严重影响，推迟开花甚至盲花、花裂。

⑤枳壳（实）。枳壳（实）是酸橙的果实，酸橙喜温暖湿润、雨量充沛、阳光充足的气候条件。需年平均降水量在 1 000～2 000 mm，相对空气湿度要达到 75%左右。其种子发芽的最低温度为 10 ℃，植株生长最适宜温度为 20～25 ℃，一般在年平均温度 15 ℃以上生长良好。在－10 ～－5 ℃之间，如持续时间短，还不致发生冻害；若气温骤然下降，冰冻持续时间长，则容易遭受冻

害。酸橙不耐涝,在容易积水的环境种植,不利于根系的生长,容易造成落叶和落花落果,影响产量的提高。

2. 地形条件

①湘莲。适宜海拔 300 m 以下的平原区。

②玉竹。适宜海拔 200～2 000 m 的林下或山野阴坡。

③山银花。适宜海拔 300～1 500 m 的山地或丘陵区。

④百合。海拔 1 000～1 200 m 的地区百合产量高,800 m 以上区域百合的皂苷和多糖含量高。

⑤枳壳(实)。海拔 550 m 以下的地区适宜酸橙生长。

3. 土壤条件

①湘莲。最适宜的土壤为微酸性的湖泥和稻田土。

②玉竹。以土层深厚、疏松肥沃、排水良好的夹沙土或黄沙壤土为好,土壤以微酸性为宜(pH=5.2～6.8),有机质含量≥1.2%,忌在土质黏重、地势低洼、易积水的地块栽培,忌连作,前作最好为豆科及禾本科植物。

③山银花。适宜 pH 范围为 5.5～7.8,以土质疏松、肥沃、排水良好的沙质壤土为宜。在砂石山粗骨质土、石灰岩褐土及一般盐碱地上均可生长开花。在土壤水分条件适宜时,植株生长旺,冠幅大,产量高;土壤水分过大时,叶片易发黄脱落。

④百合。以 pH=5.5～7.0、疏松肥沃、地势高爽、排水良好、土层厚度 25 cm 以上的板页岩沙壤地为宜。忌连作,前作以豆科、禾本科作物为好。

⑤枳壳(实)。以土层深厚、疏松潮湿、排水良好的冲积土、沙质土最为理想。土壤以 pH=6.5～7.5 为好。对地势要求不严,在山地丘陵、平原、荒坡、河滩地均可种植。

4. 产业特色

按照《湖南省"一县一特"主导特色产业发展指导目录》布局中药材基地。

四、湖南中药材生产基地中长期布局建议

1. 适宜性评价

（1）指标选取与权重确定

综合考虑各县年平均气温、≥10 ℃的积温、年日照时数、年平均降水量、土壤条件、灾害性天气等因素，结合各类中药材种植生产所需要的因素条件，进行适宜性因子筛选。结合德尔菲法和层次分析法建立层次结构模型，构造相应的权重判断矩阵，最后得到湖南中药材适宜性评价因子层次结构以及评价因子的权重体系。

（2）适宜等级划分

根据各类中药材种植生产对各个指标条件的要求，将适宜等级划分为最优区、优势区、其他 3 个等级，并分别赋分值为 100、80、60（见表 14-2—表 14-6）。

表 14-2　湘莲适宜性评价指标、权重

指标	权重	最优区（100）	优势区（80）	其他（60）
年平均气温	0.165 3	15～30 ℃	12～15 ℃，30～32 ℃	<12 ℃，>32 ℃
生育期≥10 ℃的积温	0.246 2	2 800～3 000 ℃	2 400～2 800 ℃，3 000～3 400 ℃	<2 400 ℃，>3 400 ℃
6—9 月日照时数	0.200 5	680～870 h	550～680 h，870～900 h	<550 h
海拔	0.110 8	<300 m	300～500 m	>500 m
pH	0.095 5	5.0～6.0	4.5～5.0，6.0～7.0	7.0～8.0
土壤类型	0.181 7	湖泥土、稻田土	轻壤土、中壤土	重壤土、沙土

表 14-3　玉竹适宜性评价指标、权重

指标	权重	最优区（100）	优势区（80）	其他（60）
年平均气温	0.166 7	15～25 ℃	12～15 ℃， 25～32 ℃	<12 ℃， >32 ℃
月平均降水量	0.184 6	150～200 mm	50～150 mm， 200～300 mm	<50 mm， >300 mm
海拔	0.410 9	200～2 000 m	100～200 m， 2 000～3 000 m	>3 000 m
pH	0.016 5	5.2～6.8	4.5～5.2， 6.8～7.2	7.2～8.0
土壤类型	0.221 3	夹沙土、黄沙壤土	轻壤土、中壤土	重壤土

表 14-4　山银花适宜性评价指标、权重

指标	权重	最优区（100）	优势区（80）	其他（60）
年平均温度	0.152 1	15～25 ℃	12～15 ℃， 25～28 ℃	<12 ℃， >28 ℃
海拔	0.364 6	300～1 500 m	100～300 m， 1 500～1 800 m	<100 m >1 800 m
pH	0.255 4	5.5～7.8	5.0～5.5， 7.8～8.5	<5.0， >8.5
土壤类型	0.227 9	沙质壤土	石灰土	其他

表 14-5　百合适宜性评价指标、权重

指标	权重	最优区（100）	优势区（80）	其他（60）
年平均气温	0.092 1	16～24 ℃	14～16 ℃， 24～26 ℃	<14 ℃， >26 ℃
生育期≥10 ℃的积温	0.125 6	≥2 500 ℃	2 000～2 500 ℃	<2 000 ℃
营养生长期到花期的 降水量	0.267 4	200～300 mm	100～200 mm， 300～400 mm	<100 mm， >400 mm

续表

指标	权重	最优区（100）	优势区（80）	其他（60）
出苗期日平均气温	0.213 2	10～15 ℃	8～10 ℃	＜8 ℃
海拔	0.114 2	800～1 200 m	＜800 m， 1 200～1 500 m	＞1 500 m
pH	0.096 4	5.5～7.0	4.5～5.5， 7.0～7.5	＜4.5， ＞7.5
土壤类型	0.091 1	沙壤土	轻壤土、中壤土	重壤土

表 14-6　枳壳（实）适宜性评价指标、权重

指标	权重	最优区（100）	优势区（80）	其他（60）
年平均温度	0.157 8	20～25 ℃	10～20 ℃， 25～30 ℃	＜10 ℃， ＞30 ℃
空气相对湿度	0.165 3	75％	55％～75％， 75％～80％	＜55％， ＞80％
年平均降水量	0.181 1	1 000～2 000 mm	800～1 000 mm， 2 000～2 500 mm	＜800 mm， ＞2 500 mm
海拔	0.196 6	＜550 m	550～1 000 m	＞1 000 m
pH	0.144 6	6.5～7.5	5.0～6.5， 7.5～8.5	＜5.0， ＞8.5
土壤类型	0.154 6	沙质土	石灰土	其他

（3）适宜性综合评价

采用加权指数求和法计算各评价单元综合分值，将各类中药材适宜性综合分值排序，评价各类中药材种植气象和土壤适宜性程度，划分为最优区和优势区 2 个级别：最优区，适宜度 $C \geqslant 90$；优势区，适宜度 $85 \leqslant C < 90$。分值越高，该类中药材的种植区域适宜性程度越高。中药材适宜性评价结果见表 14-7—表 14-10。

表 14-7　湘莲适宜性综合分值表

分区	综合分值	县（市、区）
最优区	适宜度 $C \geqslant 90$	湘潭县、韶山市、湘乡市、衡东县、道县、安乡县、汉寿县、沅江、南县、华容县、君山区、岳阳县、临湘市、汨罗市、湘阴县
优势区	适宜度 $85 \leqslant C < 90$	平江县、冷水滩区、零陵区、澧县、临澧县、津市市、鼎城区、桃源县、望城区、宁乡市、长沙县、荷塘区、渌口区、醴陵市、雨湖区

表 14-8　玉竹适宜性综合分值表

分区	综合分值	县（市、区）
最优区	适宜度 $C \geqslant 90$	邵东市、隆回县、洞口县、绥宁县、城步县、新邵县、邵阳县、新宁县、武冈市、双峰县、新化县、涟源市、娄星区、冷水江市、桂东县、汝城县、桂阳县、永兴县、宜章县、耒阳市、祁东县、衡南县、衡阳县、浏阳市、炎陵县、安化县、资阳区、赫山区、沅江市、慈利县、新晃县、通道县、靖州县、中方县、沅陵县、溆浦县、辰溪县、会同县、麻阳县、芷江县、洪江市
优势区	适宜度 $85 \leqslant C < 90$	南岳区、衡山县、衡东县、常宁市、祁阳县、双牌县、蓝山县、安仁县、道县、江永县、新田县、江华县、零陵区、冷水滩区、宁远县、东安县、资兴市、苏仙区、嘉禾县、临武县

表 14-9　山银花适宜性综合分值表

分区	综合分值	县（市、区）
最优区	适宜度 $C \geqslant 90$	隆回县、洞口县、绥宁县、新宁县、邵东市、新邵县、桃江县、安化县、辰溪县、溆浦县、中方县、洪江县、沅陵县、通道县、靖州县、会同县、新化县、双峰县、桑植县、双牌县、桂东县、汝城县、安仁县、衡阳县、祁东县、平江县、浏阳市、醴陵市、攸县、茶陵县、炎陵县

146

续表

分区	综合分值	县（市、区）
优势区	适宜度 85≤C＜90	邵阳县、城步县、武冈市、麻阳县、新晃县、芷江县、娄星区、冷水江市、涟源市、东安县、江永县、宁远县、新田县、江华县、零陵区、冷水滩区、祁阳县、道县、蓝山县、慈利县、永定区

表 14-10 百合适宜性综合分值表

分区	综合分值	县（市、区）
最优区	适宜度 C≥90	隆回县、洞口县、绥宁县、城步县、武冈市、新宁县、邵阳县、邵东市、新邵县、龙山县、永顺县、慈利县、桑植县、安化县、会同县、通道县、靖州县、溆浦县、洪江市、炎陵县、醴陵市、双峰县、涟源县、新化县、娄星区、平江县、浏阳市、宁乡市、东安县、双牌县、零陵区、祁东县
优势区	适宜度 85≤C＜90	长沙县、望城区、凤凰县、花垣县、保靖县、古丈县、泸溪县、中方县、麻阳县、沅陵县、辰溪县、麻阳县、新晃县、芷江县、永定区、冷水滩区、祁阳县、道县、江永县、宁远县、蓝山县、新田县、江华县

表 14-11 枳壳（实）适宜性综合分值表

分区	综合分值	县（市、区）
最优区	适宜度 C≥90	安仁县、汝城县、永兴县、醴陵市、攸县、茶陵县、炎陵县、渌口区、浏阳市、平江县、衡阳县、祁东县、衡南县、衡东县、耒阳市、常宁市、沅江市、南县、汉寿县、澧县、临澧县、安乡县、赫山区、资阳区、涟源市、零陵区、冷水滩区、祁阳县、东安县、道县、江永县、双牌县、宁远县、龙山县、泸溪县、辰溪县、麻阳县，洪江市、中方县

续表

分区	综合分值	县（市、区）
优势区	适宜度 $85 \leqslant C < 90$	安化县、石门县、津市市、桃江县、娄星区、双峰县、冷水江市、新化县、衡山县、南岳区、长沙县、望城区、宁乡市、湘潭县、湘乡市、韶山市、桃源县、隆回县、洞口县、邵东市、新邵县、邵阳县、新宁县、绥宁县、武冈市、城步县、芷江县、新晃县、会同县、保靖县、花垣县、凤凰县

2. 优势区域布局

（1）湘莲优势区域布局

以湖南湘潭市为中心，核心区域包括湘江流域中下游的湘中低山丘陵地区等周边地区，辐射周边气象、地形、土壤条件相似的地区。

①最优区。湘潭县、韶山市、湘乡市、衡东县、道县、安乡县等，共15个县（市、区）为最优区。

②优势区。平江县、冷水滩区、零陵区、澧县、临澧县、津市市等，共15个县（市、区）为优势区。主栽品种为寸三莲、芙蓉莲、太空莲（1、3、36号）等，鼓励各地根据实际情况采用莲-油菜、莲-鱼及莲-虾等绿色栽培模式。

（2）玉竹优势区域布局

玉竹以衡邵盆地为核心，包括邵阳市、衡阳市以及与此区域接壤的娄底市、益阳市等湘中丘陵盆地，辐射周边气象、地形、土壤条件相似的地区。

①最优区。邵东市、隆回县、洞口县、绥宁县、城步县等41个县（市、区）为最优区。

②优势区。南岳区、衡山县、衡东县、常宁市、祁阳县等20个县（市、区）为优势区。

（3）山银花优势区域布局

以邵阳市隆回县及周边地区为主，辐射周边气象、地形、土壤条件相似的地区。主要种植灰毡毛忍冬、金翠蕾、银翠蕾、白云等山银花栽培品种。

①最优区。隆回县、洞口县、绥宁县、新宁县、邵东市等 31 个县（市、区）为最优区。

②优势区。邵阳县、城步县、武冈市、麻阳县、新晃县等 21 个县（市、区）为优势区。

（4）百合优势区域布局

以邵阳市隆回县及周边地区、龙山县及周边地区为主，辐射周边气象、地形、土壤条件相似的地区。

①最优区。隆回县、洞口县、绥宁县、城步县、武冈市、新宁县等 32 个县（市、区）为最优区。

②优势区。长沙县、望城区、凤凰县、花垣县等 23 个县（市、区）为优势区。

（5）枳壳（实）优势区域布局

以郴州市安仁县、益阳市沅江市及周边地区为主，辐射周边气象、地形、土壤条件相似的地区。

①最优区。安仁县、汝城县、永兴县、醴陵市、攸县、茶陵县等 39 个县（市、区）为最优区。

②优势区。安化县、石门县、津市市、桃江县、娄星区、双峰县等 32 个县（市、区）为优势区。

第十五章　湖南南竹产业空间布局研究

一、湖南南竹产业现状

湖南是全国竹类资源的主要分布区，境内高温高湿、雨量充沛、土壤肥沃，发展竹产业具有优越的自然地理条件。整体来说，湖南的竹林面积和经济效益呈现持续增长。

1. 种植规模稳定增长

2009 年，全省竹林总面积 1 269 万亩，立竹株数 17 亿根，年产商品竹材 1.8 亿根，竹林面积和立竹株数均位居全国第二，桃江县、绥宁县、安化县、桃源县分别被评为"中国竹子之乡"。到 2018 年，全省竹林面积已发展到 1 639 万亩，比 2009 年增加了 29.16％，以平均每年 12.5 万亩的速度递增，面积继续位居全国第二，竹林占林地面积的 9.84％，毛竹总株数 33.05 亿株。每亩立竹量也大幅提升，亩产立竹由 100 余根增加到 200 余根，且竹子径粗也由 6 cm 提高到了 8～10 cm，南竹胸径平均增大 2 cm 以上。

2. 产业效益进一步提高

竹子生长快、用途广，资源再生性强，具有广阔的开发利用前景。近十年来，湖南竹产业产值从 2009 年的 80 亿元增长到 2019 年的 323 亿元，已形成 1 500 余个规格品种的竹产业加工体系，部分产品引领全国市场。竹凉席全国市场占有率约 45％，重组竹材全国市场占有率约 30％，竹滑板全国市场占有率达 40％。湖南的一次性竹筷、竹西餐具、竹工艺品等远销东南亚和欧美地区，年出口额约 4 亿美元。

3. 南竹加工产品品牌优势进一步凸显

经过多年培育，南竹产业已成为活跃农村经济、致富地方林农的优势产业和富民产业。有南竹加工企业数千家，涵盖了竹凉席、竹家具、竹简、竹地板、竹纺织品等加工产品，涌现出"恒盾"竹砧板、竹饮料，"宝庆"竹胶板，"桃花江""中冠"竹地板，"瑞亚"竹纺织品等一批产业化龙头企业，涌现出"万维"竹胶板、"桃花江"竹集成材、"春秋"凉席等知名品牌，产品远销东南亚和欧美 20 余个国家和地区。

4. 二十年来湖南南竹产业布局变化情况

湖南是全国竹类资源的主要分布区，发展竹产业具有优越的自然地理条件，竹林主要分布在桃江县、绥宁县、安化县、桃源县、临湘县、耒阳市等地。各县竹材产量逐年攀升，1998 年产南竹 6 864.55 万根，2018 年产南竹 19 802.1 万根，主要集中在湘北、湘中南和湘西南地区。南竹种植区逐步向优势区和有产业政策扶持的县（市、区）集聚，如会同县、绥宁县、桃江县等县（市、区）。2018 年产商品竹材 1 000 万根以上的有 4 个县（市），分别为临湘市 7 120 万根，汨罗市 1 846.75 万根，桃江县 1 500 万根，耒阳市 1 280 万根。1998 年、2008 年、2018 年湖南南竹大县空间分布及演变情况见表 15-1。

表 15-1 湖南南竹大县空间分布演变

年份	产量占全省比重/%	产量排前三十名的县（市、区）
1998	80.53	平江县、桃江县、浏阳市、宁乡市、耒阳市、临湘市、绥宁县、桃源县、安化县、望城区、鼎城区、苏仙区、慈利县、华容县、城步县、衡阳县、汉寿县、石门县、资兴市、洪江市、新宁县、南岳区、会同县、衡东县、洞口县、双牌县、炎陵县、冷水江市、涟源市、衡山县

续表

年份	产量占全省比重/%	产量排前三十名的县（市、区）
2008	79.89	桃江县、零陵区、浏阳市、绥宁县、桃源县、洪江市、攸县、平江县、临湘市、安化县、赫山区、衡阳县、资兴市、桂阳县、汉寿县、洞口县、城步县、汨罗市、茶陵县、渌口县、炎陵县、岳阳县、鼎城区、耒阳市、双牌县、苏仙区、双峰县、衡东县、溆浦县、东安县
2018	94.92	临湘市、汨罗市、桃江县、耒阳市、攸县、宁乡市、会同县、新化县、平江县、炎陵县、衡东县、鼎城区、桃源县、绥宁县、汉寿县、城步县、新宁县、安化县、蓝山县、浏阳市、汝城县、桂东县、赫山区、洪江市、岳阳楼区、零陵区、渌口区、苏仙区、资兴市、长沙县

二、制约湖南南竹产业健康发展的主要因素

1. 多数竹林基地交通不便

南竹一般分布在山窝、山麓和山腰缓坡地段，部分林地基础设施不够完善，主要通过货车或小型拖拉机运输，运输方式的单一性使得运输成本过高，厂商利润较少，甚至亏损。竹、笋出山以及肥料进山等运输大部分依赖肩挑背扛的传统作业方式，劳动强度大，不仅工作效率低而且生产成本高，严重制约了竹林生产潜力的进一步发挥。由此可见，交通道路基础设施的限制，降低了农民发展南竹的积极性，不利于南竹产业的稳定发展以及市场销路的拓宽。

2. 资金、人才、技术匮乏

资金、人才、技术短缺主要体现在竹制产品加工环节，资金缺乏，融资困难，致使工厂资金周转不灵，相关技术工作无法深入，深加工工作较难进行，企业工厂的可持续发展得不到保证，产业链难以延长。如竹筷子厂、竹席厂因为资金周转问题，无法进行精细加工以获取更大的利润，资金量远远达不到扩大再生产的需求量，部分地区仍然存在少量纯手工制作的情况。虽然大多工厂使用机器设备，但是机器设备存在老化及破损的现象，且大都是初加工的机器

设备。工厂员工大都是当地村民，劳动力素质较低，对技术方面的了解程度较低。另外，人才供应存在缺口，供需匹配性较差。整个南竹制品的生产加工进程较为缓慢，劳动生产率较低，从而很难进行深加工以延长产业链。

3. 分散经营多，合伙经营较少

由于传统小农意识的存在，南竹资源自家砍伐利用和转给个体户经营的比例较大，产业化程度低，企业与基地未形成一体化，南竹加工厂家没有建立对应的原材料生产基地。村民大多为分散经营，缺乏技术、资金等，且合伙经营意识不强，使得合伙生产经营方式一直受到制约，由此引发一系列问题，如当地南竹资源开发利用分散化、经营模式单一化、南竹资源的综合有效利用率低。同时，市场抗风险能力弱，不利于集约化、机械化、标准化生产及大型工厂的建立、相关加工技术的推广应用，阻碍了信息交流和品牌化经营。

4. 精深加工产品相对较少

通过多年的发展，湖南竹产品生产加工龙头企业迅速崛起，聚集了1 200余家具有一定规模的竹产品加工企业，竹类产品品种多、数量大，初步形成了竹板材、竹工艺品、竹家具、竹化工、竹食品等门类比较齐全的竹产品加工体系，企业集聚效应初步显现。但多数加工企业研发和创新能力弱，产品技术含量低，质量参差不齐，初级产品多、重复项目多，精深加工产品较少，在一定程度上限制了产品附加值的提高。南竹加工产品的供应品种无法及时适应市场需求的变化，致使供求结构失衡。

三、南竹产业基地布局需要考虑的主要因素

1. 气象条件

温度要求。干旱、低温、降雪、冰雹和洪涝等灾害性天气均会给南竹生产带来极大危害，南竹生长的适宜年平均温度为15～20℃，1月适宜平均温度为1～8℃。

水分要求。水分对南竹生长的影响比温度大，在春季发笋时期尤其如此，

一般年平均降水量 800～1 800 mm 的地区适合南竹种植，要求年平均相对湿度不低于 70％。

2. 地形条件

南竹一般分布在海拔 800 m 以下的丘陵、山地、山窝、山麓和山腰缓坡地段。

3. 土壤条件

对土壤的要求是厚、松、软、肥、爽，地层深厚达 50 cm 左右，肥沃、湿润，排水和透气性能良好。pH＝4.5～7.0 为宜。适宜土壤有壤土、沙壤土（俗称乌沙土）、轻黏土。碱性土和盐碱土不宜栽南竹。

4. 产业特色

按照《湖南省"一县一特"主导特色产业发展指导目录》布局南竹产业基地。

四、湖南南竹产业基地中长期布局建议

1. 适宜性评价

（1）指标选取与权重确定

气候、地形、海拔的变化，对南竹的分布、生长发育有一定的影响，尤其是孕笋行鞭期、发笋长竹时期的影响。综合考虑各县以上因素，进行适宜性因子筛选。南竹适宜性评价选取的指标包括年平均温度、1月平均温度、年平均降水量、相对湿度、海拔、土壤类型 6 个因子作为南竹生长发育适宜性评价指标，结合德尔菲法和层次分析法建立层次结构模型，构造相应的权重判断矩阵，最后得到湖南南竹适宜性评价因子层次结构以及评价因子的权重体系。

（2）适宜等级划分

根据南竹生长期对各个指标条件的要求，将适宜等级划分为最优区、优势区、其他 3 个等级，并分别赋分值为 100、80、60（见表 15-2）。

表 15-2 南竹适宜性评价指标、权重

指标	权重	最优区（100）	优势区（80）	其他（60）
年平均温度	0.126 3	18～20 ℃	14～18 ℃，20～22 ℃	＜14 ℃，＞22 ℃
1月平均温度	0.132 3	4～8 ℃	1～4 ℃，8～12 ℃	＜1 ℃，＞12 ℃
年平均降水量	0.126 6	1 000～1 800 mm	800～1 000 mm，1 800～2 000 mm	＜800 mm，＞2 000 mm
相对湿度	0.246 7	＞80%	70%～80%	＜70%
海拔	0.256 9	＜800 m	800～1 200 m	1 200～1 800 m
土壤类型	0.111 2	pH=4.5～6.5的红壤、黄红壤	黄壤	碱性土壤

（3）适宜性综合评价

采用加权指数求和法计算各评价单元综合分值，将南竹适宜性综合分值排序，评价全省南竹种植气象、海拔和土壤适宜性程度，划分最优区、优势区2个级别：最优区，适宜度 $C \geqslant 90$；优势区，适宜度 $85 \leqslant C < 90$。分值越高，南竹种植区域适宜性程度越高。南竹适宜性评价结果见表 15-3。

表 15-3 南竹适宜性综合分值表

分区	综合分值	县（市、区）
最优区	适宜度 $C \geqslant 90$	临湘市、汨罗市、平江县、岳阳楼区、君山区、岳阳县、华容县、湘阴县、桃江县、安化县、汉寿县、桃源县、双峰县、新化县、冷水江市、耒阳市、常宁市、绥宁县、新宁县、城步县、零陵区、冷水滩区、东安县、双牌县、会同县、洪江市、浏阳市

续表

分区	综合分值	县（市、区）
优势区	适宜度 $85 \leqslant C < 90$	资阳区、赫山区、南县、沅江市、鼎城区、苏仙区、桂东县、永兴县、桂阳县、资兴市、宜章县、嘉禾县、临武县、汝城县、安仁县、长沙县、望城区、宁乡市、攸县、茶陵县、炎陵县、醴陵市、衡阳县、衡南县、南岳区、衡山县、衡东县、祁东县、隆回县、洞口县、武冈市、新邵县、邵东市、邵阳县、涟源市、娄星区、麻阳县、新晃县、芷江县、靖州县、通道县、中方县、沅陵县、辰溪县、溆浦县、宁远县、祁阳县、江华县、道县、江永县、新田县、蓝山县

2. 优势区域布局

根据 122 个县（市、区）的气象、土壤、海拔等条件分析，结合《湖南省"一县一特"主导特色产业发展指导目录》对全省南竹产业进行布局。洞庭湖区以临湘市、岳阳县、华容县、桃源县、汉寿县、桃江县等县（市、区）为中心；大湘西区以绥宁县、新宁县、新化县、双峰县、洪江市、会同县、城步县等县（市、区）为中心，辐射周边其他县（市、区）。洞庭湖区和大湘西区主要加强建设南竹资源培育示范基地、南竹丰产培育示范基、笋竹两用林基地，打造全国南竹特色生产优势区；同时优化南竹加工布局，扶持、培育龙头加工企业，打造南竹全产业链生产示范区。大湘南区以耒阳市、常宁市、衡东县、衡山县等县（市、区）为中心，辐射周边其他县（市、区），该区主要探索南竹产业发展多种功能和模式，打造南竹文化生态旅游示范区。

①最优区。主要以洞庭湖区、大湘南部分县（市、区）和大湘西部分县（市、区）为主，包括临湘市、汨罗市、平江县、岳阳楼区、君山区、岳阳县等 27 个县（市、区）为最优区，该区域海拔和空气湿度特别适合南竹生长发育。

②优势区。资阳区、赫山区、南县、沅江市、鼎城区、苏仙区等 52 个县为优势区。

参考文献

[1] 柏连阳，刘芳清. 2018 湖南现代农业产业发展报告 [M]. 长沙：湖南科学技术出版社，2019.

[2] 陈建宇. 湖南省以成土母质为基础的土壤分布及其优势作物研究 [J]. 吉林农业，2011 (4)：148-149.

[3] 龚子同，陈志诚，骆国保，等. 中国土壤系统分类参比 [J]. 土壤，1999 (2)：57-63.

[4] 唐露润. 有机葡萄产地环境适宜性评价及优势区域划分研究 [D]. 南京：南京农业大学，2013.

[5] 余应弘. 中国水稻品种志：湖南常规稻卷 [M]. 北京：中国农业出版社，2018.

[6] 刘芳清，周克艳. 湖南省优质稻区域布局研究 [M]. 长沙：湖南科学技术出版社，2014.

[7] 湖南省农业区划委员会. 湖南省农业区划 3 [M]. 长沙：湖南科学技术出版社，1986.

[8] 湖南省农业区划委员会. 湖南省农业区划 4 [M]. 长沙：湖南科学技术出版社，1986.

[9] 廖玉芳，汪扩军，赵福华，等. 湖南省现代农业气候区划 [M]. 长沙：湖南大学出版社，2010.

[10] 刘超良. 信阳茶叶种植区土地适宜性评价研究 [D]. 郑州：河南农业大学，2006.

[11] 张璠.陕南不同地区茶树栽培环境适宜性评价及区划 [D].咸阳：西北农林科技大学，2018.

[12] 孔伟伟.黄芩药材质量及其生态适宜性评价研究 [D].长春：吉林农业大学，2008.

[13] 张静.作物-地域多种组合中作物生态适宜性评价与权重配置方法的研究 [D].南京：南京农业大学，2005.

[14] 崔娜娜.不同海拔的地理位置对茶产业发展的影响 [J].福建茶叶，2018 (9)：74.

[15] 林江.茶叶生产气象要素分析及气象灾害防御 [J].农业与技术，2017 (11)：124-125.

[16] 方洪生，周迎春，苏有健.海拔高度对茶园环境及茶叶品质的影响 [J].安徽农业科学，2014，42 (20)：6573-6575.

[17] 王远泰，雷玄肆.浮梁县发展茶叶生产的气象条件分析 [J].江西气象科学，2005，28 (2)：33-35.

[18] 谢世平，江贤华，黄秋兰.2014—2018 年将乐县气象因子对油茶产量的影响 [J].粮食科技与经济，2019，44 (12)：147-148.

[19] 姚吉霞.油茶早实丰产栽培技术研究 [D].桂林：广西师范大学，2017.

[20] 唐炜，陈永忠，陈隆升，等.湖南省油茶产业发展现状与对策 [J].绿色科技，2017 (15)：208-211.

[21] 尹春梅，谢小立，谭云峰.湖南省低产油茶林的成因及抚育改造对策 [J].农业现代化研究，2011，32 (3)：336-339.

[22] 李泽碧，王正银.柑橘品质的影响因素研究 [J].广西农业科学，2006，37 (3)：307-310.

[23] 郭荣荣，王博，成果，等.我国葡萄一年两收栽培的区划研究进展 [J].南方农业学报，2016，47 (12)：2091-2097.

[24] 黄琦.炎陵县黄桃产业 SWOT 分析与发展策略 [J].安徽农学通报，2011，17 (17)：12-14.

[25] 贺志智，张生浩，刘明星. 湖南省永顺县猕猴桃种植的气候条件分析 [J]. 北京农业，2015 (3)：229-230.

[26] 耿献辉，卢华，周应恒. 我国梨生产布局变迁及其影响因素：基于省级面板数据分析 [J]. 农业经济与管理，2014 (4)：67-77.

[27] 卜范文，李健权，曾斌，等. 湖南桃产业现状与发展对策 [J]. 湖南农业科学，2011 (23)：108-110.

[28] 李健权，曾斌，卜范文，等. 湖南时鲜水果产业现状分析 [C] //中国园艺学会，湖南省园艺学会. 湖南省园艺学会第九次会员代表大会暨学术年会论文集. 2010：26-30.

[29] 王中炎，向德明，彭俊彩，等. 湖南省水果产业发展现状考察报告 [J]. 湖南农业科学，2002 (1)：43-45.

[30] 丛日环，张智，鲁剑巍. 长江流域不同种植区气候因子对冬油菜产量的影响 [J]. 中国油料作物学报，2019，41 (6)：894-903.

[31] 程沅孜，李谷成，李欠男. 中国油菜生产空间布局演变及其影响因素分析 [J]. 湖南农业大学学报 (社会科学版)，2016，17 (2)：9-15.

[32] 龙金旺. 关于东安县楠竹产业现状及发展规划探讨 [J]. 农业技术与装备，2019 (10)：52，54.

[33] 李继雄. 楠竹低产林的成因及改造技术 [J]. 林业科技通讯，2001 (3)：43-44.

[34] 全新，刘永浩，邓以东，等. 楠竹小母竹造林快速成材技术研究 [J]. 林业实用技术，2007 (12)：6-8.

[35] 全新. 实生楠竹林培育技术研究初报 [J]. 湖南林业科技，2006 (4)：53-55.

[36] 熊津津，贺丹琳. 楠竹产业发展存在的问题及对策：以益阳市桃江县基固庙村、岩门村为例 [J]. 乡村科技，2017 (31)：34-37.

[37] 胡彦彪. 楠竹笋用林培育技术 [J]. 现代农业科技，2016 (8)：157-158.

[38] 杨旸. 楠竹育苗造林技术 [J]. 现代园艺，2014 (6)：67-68.

[39] 顾小平，徐天森. 笋竹丰产栽培实用技术 [M]. 北京：中国林业出版

社，2011.

[40] 胡蓉，李忠贵，肖草茂，等. 枳实、枳壳药材基原及道地产地的变迁 [J]. 中
药材，2019，42 (3)：686-689.

[41] 赵维良，郭增喜，张文婷，等. 药材枳壳基原植物种类及地理分布研究 [J].
中国中药杂志，2018，43 (21)：4361-4363.

[42] 满志勇，唐其，盛浩，等. 湘北枳壳基地的土壤问题与对策 [J]. 湖南农业科
学，2019 (3)：26-29.

[43] 谢永刚，谢东贤，黄松华. 清江枳壳高产栽培技术 [J]. 现代园艺，2017
(19)：61-63.

[44] 曾彦铭. 枳壳栽培技术 [J]. 农村新技术，2013 (12)：7-8.

[45] 刘英，邓文，黄振国，等. 湘西州龙山县百合产业布局优化研究 [J]. 湖南农
业科学，2019 (8)：96-99.

[46] 王心中，吴志科，吕昆坤，等. 龙山百合种植气候适宜性分析 [J]. 安徽农业
科学，2014，42 (21)：7126-7127，7163.

[47] 陈艳华，郭俊琴，张旭东. 基于 GIS 的兰州百合适生种植气候区划 [J]. 干旱
气象，2014，32 (1)：157-161.

[48] 袁宁，颉建明，张吉宁，等. 兰州市耕地地力评价对百合栽培适宜性研究
[J]. 农业科技与信息，2017 (14)：51-53.

[49] 姚宗凡，黄英姿. 常用中药种植技术 [M]. 北京：金盾出版社，1989：
150-155.

[50] 杨秋莲，徐进华. 万载县百合的气候适应性分析和高产栽培技术探讨 [J]. 农
业科技与装备，2010 (6)：4-5，8.

[51] 陈艳华，史宝秀，谢玲，等. 甘肃中部百合气候适应性及适生种植区划 [J].
中国农业气象，2003，24 (8)：51-53.

[52] 周日宝，贺又舜，曲伟红，等. 我省隆回县百合种植基地概况分析 [J]. 湖南
中医学院学报，2003 (3)：57-58.

[53] 杨思源. 富硒山银花栽培技术初探 [J]. 农业科学，2019 (4)：127-130.

[54] 马海燕. 金银花优良品种及其优质高产栽培技术 [J]. 农业与技术, 2018, 38 (8): 104-105.

[55] 刘淼, 曾德超, 苗蕾, 等. 湖南省金银花产业发展现状、问题与对策研究 [J]. 企业技术开发, 2018 (9): 37-39, 46.

[56] 文庆, 舒毕琼, 丁野, 等. 金银花与山银花的资源分布和种植技术发展概况 [J]. 中国药业, 2018 (2): 1-5.

[57] 彭素琴, 谢双喜. 金银花的生物学特性及栽培技术 [J]. 贵州农业科学, 2005, 31 (5): 27-29.

[58] 牛兆吉, 彭国栋, 王洪善. 金银花种质资源特征及栽培模式研究 [J]. 林业科技开发, 2003 (4): 39-40.

[59] 乐乐, 何腾兵, 赵欢, 等. 土壤环境对金银花质量影响的研究进展 [J]. 贵州农业科学, 2013 (3): 91-94.

[60] 贺海翔, 覃思. 湘莲产业现状分析及发展思路 [J]. 现代食品, 2019 (19): 13-16.

[61] 辜倩, 周金林, 游枭雄, 等. 湘莲典型丰歉年的气象条件对比分析 [J]. 农业与技术, 2019 (16): 139-141, 169.

[62] 辜倩, 林明丽, 赵晋萱, 等. 湘潭湘莲种植气候条件分析 [J]. 农村实用技术, 2018 (8): 26, 48.

[63] 陈舒启, 周明全, 胡中立, 等. 子莲产量构成因素分析 [J]. 耕作与栽培, 1994 (2): 17-18.

[64] 刘念, 雷明全. 湘潭市湘莲市场的现状及发展策略研究 [J]. 企业技术开发, 2015 (5): 95-98.

[65] 梁超全, 钟灿, 肖深根, 等. 发展湖南玉竹产业的几点思考 [J]. 湖南农业科学, 2010 (14): 31-33.

[66] 梁超全. 湘玉竹产业发展现状与对策 [D]. 长沙: 湖南农业大学, 2010.

[67] 刘泽发, 陈勇, 曾永贤. 湘中高山冷凉地区玉竹优质栽培技术 [J]. 北京农业, 2013 (11): 59.

[68] 程方民，刘正辉，张嵩午.稻米品质形成的气候生态条件评价及我国地域分布规律 [J].生态学报，2002（5）：636-642.

[69] 钟旭华，李太贵.不同结实温度下稻米直链淀粉含量与千粒重的相关性研究 [J].中国水稻科学，1994（2）：126-128.

[70] 陆魁东，申建斌，黄晚华，等.湖南一季晚稻抽穗扬花期间高温分析及对种植布局的建议 [J].湖南农业科学，2005（4）：28-30.

[71] 李安定，陈莎，唐炳，等.湖南省山羊产业发展现状与思考 [J].中国畜禽种业，2017（7）：22-24.

[72] 袁延文.关于"十三五"湖南养殖业发展思路和重点工作 [J].湖南畜牧兽医，2016（1）：1-3.

[73] 李海洋，程云生.大宗淡水鱼的生物学特性及养殖水环境的调控 [J].畜牧与饲料科学，2010，31（3）：66-67.

[74] 刘明月.湖南蔬菜产业现状与发展对策 [J].湖南农业科学，2015（5）：109-111.

[75] 叶英林.湖南蔬菜产业集群式发展现状、问题及对策分析 [J].辣椒杂志，2014（1）：36-39.

[76] 王培根，刘衍，许波，等.湖南蔬菜产业现状和发展思路 [J].辣椒杂志，2010（9）：11-16.

[77] 俞诗汀，李青松，邹小松.气象条件对柑橘种植的影响分析 [J].农业技术与装备，2020（2）：130，132.

[78] 任小军.岳阳县楠竹产业发展调查与思考 [J].林业与生态，2020（12）：14-16.

[79] 吴翠，徐博，李卓俊，等.枳壳生产的现状调查和问题分析 [J].中南药学，2020，18（9）：1530-1534.

[80] 田顺心.永顺县有机猕猴桃产业发展优势和前景展望 [J].农业生产展望，2008（4）：22-23.

[81] 何惠忠.提高材用楠竹林生产力的技术和措施探讨 [J].区域治理，2018

(47)：233-233.

[82] 敖礼林，饶卫华，聂建民，等.枳壳早产、丰产、高效栽培关键技术 [J].科
学种养，2020 (8)：21-24.

[83] 杜安，李强.峡江县山地气候对中药材枳壳的作用分析 [J].丝路视野，2018
(4)：187-187.

[84] 卿利军，周火强.地理标志视野下湖南湘莲产业 SWOT 分析 [J].中国瓜菜，
2020，33 (10)：97-100.

[85] 王兴辉，罗华，李良明，等.关于邵阳市中药材产业高质量发展的思考 [J].
湖南农业科学，2021 (9)：89-92.

[86] 苏晶.湖南邵东玉竹产业现状及发展策略研究 [D].长沙：湖南农业大
学，2014.

[87] 刘子飞、赵文武.我国水产养殖 40 年：改革、成效、问题与对策 [J].重庆
水产，2019 (2)：1-8.